일상 속 숨어 있는
시간을 발견하는

데일리
리포트

하루 15분의 힘

데일리 리포트 하루 15분의 힘

초판 1쇄 발행 2023년 5월 31일

지은이 서혜윤

펴낸이 조기흠
책임편집 전세정 / **기획편집** 박의성, 이지은, 유지윤
마케팅 정재훈, 박태규, 김선영, 홍태형, 임은희, 김예인 / **제작** 박성우, 김정우
디자인 박정현

펴낸곳 한빛비즈(주) / **주소** 서울시 서대문구 연희로2길 62 4층
전화 02-325-5506 / **팩스** 02-326-1566
등록 2008년 1월 14일 제 25100-2017-000062호

ISBN 979-11-5784-667-2 13320

이 책에 대한 의견이나 오탈자 및 잘못된 내용에 대한 수정 정보는 한빛비즈의 홈페이지나
이메일(hanbitbiz@hanbit.co.kr)로 알려주십시오. 잘못된 책은 구입하신 서점에서 교환해드립니다.
책값은 뒤표지에 표시되어 있습니다.

⌂ hanbitbiz.com facebook.com/hanbitbiz post.naver.com/hanbit_biz
youtube.com/한빛비즈 instagram.com/hanbitbiz

지금 하지 않으면 할 수 없는 일이 있습니다.
책으로 펴내고 싶은 아이디어나 원고를 메일(hanbitbiz@hanbit.co.kr)로 보내주세요.
한빛비즈는 여러분의 소중한 경험과 지식을 기다리고 있습니다.

일상 속 숨어 있는
시간을 발견하는

데 일 리
리 포 트
하루 15분의 힘

서혜윤 지음

HB 한빛비즈
Hanbit Biz, Inc.

차례 ✦

1부　데일리 리포트의 모든 것

시간 관리 테스트

간단한 테스트로 현재 시간 관리 습관을 점검해보자. 질문을 읽고, 최근 일주일 간 당신의 상태를 떠올려보면 된다.

질문의 점수를 더하고 결과를 확인해보자.

(1점-아주 아니다, 2점-약간 아니다, 3점-보통이다, 4점-약간 그렇다, 5점-아주 그렇다)

질문	1점	2점	3점	4점	5점
1. 나는 시간 계획을 세워서 행동하지 않고, 흘러가는 대로 하루를 보낸다.	☐	☐	☐	☐	☐
2. 시간이 아주 빨리 지나간다고 느낀다.	☐	☐	☐	☐	☐
3. 기한이 있는 일 때문에 늘 스트레스를 받는다.	☐	☐	☐	☐	☐
4. 할 일을 끝내고 나서 어떤 일을 해야 할지 몰라 망설일 때가 있다.	☐	☐	☐	☐	☐
5. 내가 끝내기로 마음먹은 시간보다 훨씬 빨리 끝내거나 늦게 끝내는 경우가 있다.	☐	☐	☐	☐	☐
6. 해야 할 일에 시간을 쓰느라 가족이나 친구, 나 자신의 여가를 위한 시간이 없다.	☐	☐	☐	☐	☐

결과

6~10점 시간의 지배자 |

당신은 시간을 아주 잘 활용하고 있다. 전혀 문제가 없다.

11~15점 시간의 친구 |

시간은 당신의 편이다. 몇 가지 팁을 얻어서 잘 활용한다면 더할 나위 없이 좋을 것이다. 데일리 리포트 작성을 고려해보자.

16~25점 시간의 뱁새 |

당신은 무엇인가에 쫓기는 것처럼 늘 바쁘다. 시간 관리를 개선해야 할 필요가 있다. 데일리 리포트를 통해 부족한 부분을 채워보자.

26~30점 시간의 노예 |

당신은 도저히 시간 관리를 하지 못해서 일상생활에 문제가 있다. 지금 당장 나의 하루를 되돌아보고 정리한 후에, 새로운 계획을 세울 필요가 있다. 지금 바로 데일리 리포트를 작성해보자.

◆ 나의 데일리 리포트를 소개합니다

외로움과 싸우던 내가
취미 부자가 되기까지

나는 외로움을 탄다. 물론 사람은 모두 외로운 존재다. 다만 나는 내가 다른 사람들보다 조금 더 그렇다는 것을 살면서 알게 되었다. 기질적으로 타고난 나의 외로움은 쉬이 사라지지 않았다.

중학생 시절, 학교를 마치면 집에 와서 핸드폰을 만지작거리던 기억이 난다. 두세 시간 정도 누워서 핸드폰을 보다가 일어나면 그렇게 허무할 수가 없었다. TV를 봐도 마찬가지였다. 우리 가족은 거실에 둘러앉아 예능 프로그램(무한도전, 개그콘서트)을 보며 두세 시간 정도 다 함께 웃고 떠들며 즐거운 시간을 보내곤 했다. 방송이 끝나고 TV의 전원을 끄면 오색찬란하던 화면이 까맣게 변했다. 그 순간 멍해지면서 몰려오던 허전함과 허무함이

란! 그날부터 나는 가족들이 텔레비전을 보는 시간 동안 공부를 하기로 했다.

공책을 꺼내고, 내가 공부해야 할 범위와 남은 시험 기간을 적은 뒤에 하루에 공부해야 할 양을 계산해보았다. 참 많았다. 마음이 무겁고 막막해졌다. 조급하고 심란해서 공부가 제대로 되지 않았다.

시계를 보니 TV 프로그램이 끝나기까지 두 시간 가량이 남아 있었다. 영어 본문을 크게 네 부분으로 나누고, 30분에 하나씩 외우기로 했다. 두 시간이 흘렀을 때 본문을 죄다 외워서 아버지께 자랑했던 기억이 난다.

막막하고 조급했던 일이 시간을 작게 쪼개고 할 일을 나누니 편하게 도전할 수 있는 일이 되었다. 심지어 시간이 남아서 복습까지 했다. 사소했지만 이것이 내 데일리 리포트의 시초다.

그 뒤로 끄적거림을 조금 더 구체적으로 적기 시작했고, 그럴수록 내가 시간의 주도권을 잡을 수 있었다. 시간에 끌려가지 않으니 우울하지 않았다. 그렇게 지금의 데일리 리포트를 갖추었다. 그리고 나의 인생이 변했다.

데일리 리포트를 쓰면서 반에서 중간 정도에 머물던 나는 교육대학교에 진학했고, 졸업할 때까지 높은 성적을 유지했다. 임용고시에도 합격할 수 있었다. 데일리 리포트가 없었다면 나는 아직도 책상 앞에 앉아 한숨을 푹 내쉬고 있을 것이다.

인생은 선생님이 되었다고 끝나지 않았다. 아니, 진짜 시작이었다. 직장인으로서의 삶은 꽤 고달팠는데, 그걸 견디게 해준 것도, 거기서 한 걸음 나아가 나만의, 나다운 삶을 살게 해준 것도 모두 이 데일리 리포트 덕분이었다.

나는 홀로 괴로워할 때, 문득 주변과 세상을 둘러보았다. 다른 사람들은 외로운 순간에 어떻게 할까? 내 주변의 사람들은 술을 마시거나, 친구 혹은 연인을 만나서 외로움을 달랬다. 인문학이나 철학에서 답을 찾는 사람도 많았다. 세상에는 세계적으로 위대한 반 고흐처럼 평생을 고독 속에서 괴로워하다가 죽음을 맞이하거나 무언가에 중독된 사람도 있었다. 사람마다 외로움을 대하는 방법이 달랐다. 그럼 나는? 이대로라면 나는 아마 평생의 대부분을 외롭게 보낼 텐데, 어떤 삶을 살아가면 좋을까?

나는 다시 한번 하루의 시간을 잘게 쪼개어서 각 시간마다 할 일을 정했다. 일어나면서부터 잠들기 전까지 모든 시간의 쓰임을 내 손아귀에 넣었다. 결코 외로움 따위가 내 삶에 끼어들지 못하도록 하고 싶었다.

데일리 리포트를 꾸준히 적으면서 외로움과 싸우던 나는 취미 부자가 되었다. 구체적으로는 블로그를 꾸준히 운영하고, 펜글씨 1급 자격증과 펜글씨 지도사 자격증을 취득했다. 뛰어나지는 않지만 피아노, 칼림바, 오카리나 등 악기를 다룰 줄 알고, 미싱으로 옷 만들기, 헬스나 자전거, 러닝 같은 운동을 즐긴다.

더하여 한국십진분류법에 의한 독서와 독서노트를 쓰고 있다. 일상적인 짧은 글은 500편 정도 썼으며 때론 요리한 레시피도 기록한다. 사진에도 관심이 있어 매년 5천여 장의 사진을 찍어 기록으로 남긴다. 작지만 방 한 구석에 드로잉 카페 공간을 만들어 나만의 그림을 그리는 등 많은 취미를 가지게 되었다. 이것들을 모두 하고 있지만 전혀 혼란스럽지 않다. 오히려 내 하루는 정돈되어 있다.

이제 다시 주변을 둘러본다. 이제는 예전의 내 모습을 닮은 사람들이 보인다. 지인들은 쳇바퀴 같은 하루를 사는 자기 모습에 힘이 빠진다고 했다. 너도 나도 "하루가 또 그냥 지나가네"라고 심심찮게 말했다.

당신도 시간이 그냥 흘러가는 것 같다고 느껴진 적이 있는가? 혹은 금요일에 눈 한 번 감았다 떴더니 월요일이 된 경우가 있는가? 비단 우리 한두 사람만의 일은 아니다.

그런 당신에게, 이 데일리 리포트가 해답이 되어줄 것이다. 눈 깜짝할 사이에 지나가 버리는 시간의 주도권을 쥐고 인생의 지름길을 찾아낼 수 있다. 그리하여 결국 당신이 바라던 꿈이 무엇이든 이룰 수 있다. 이미 데일리 리포트를 쓰고 있다면 이 책이 당신의 리포트를 체계적으로 정비하는 데 도움을 줄 것이다.

물론 인터넷에서도 다양한 형태의 데일리 리포트를 찾아볼 수 있다. 특히 스터디언의 고영성 작가, 신영준 박사가 2017년에 《폴라리스》를 출간하며 데일리 리포트에 대해 강의한 적이 있는데, 정보를 더 찾기 위한 분들은 참고하시길 바란다. 이 책에서는 내가 어릴 적부터 시작하여 시행착오를 거치며 발전시켜온 나만의 데일리 리포트를 소개하고자 한다. 크게 세 부분으로 이루어져 있다.

1부에서는 데일리 리포트가 무엇이며 나에게 어떤 도움을 주는지, 그리고 데일리 리포트를 쓰는 방법을 자세히 알려준다. 내용은 데일리 리포트의 작성 순서에 따르며, 몇 가지 단계와 요소는 모두 다음 단계와 요소에 영향을 준다. 1부 만큼은 순서대로 읽길 권하며 이해가 될 때까지 반복해서 읽고 넘어가면 좋겠다. 무엇보다 데일리 리포트를 작성하는 단 한 가지 방법만 제시한 것이 아니라, 리포트를 작성하는 순서에 따라 필요한 7가지 선택 사항을 제시해두었다. 나에게 맞거나, 맞다고 생각하거나, 이렇게 작성해보고 싶은 요소를 체크해보길 바란다.

2부에서는 데일리 리포트로 목표를 이루는 구체적인 방법을 다루었다. 데일리 리포트와 목표는 아주 긴밀하게 연결되어 있다. 만약 당신이 목표가 없거나, 꿈이 있기는 하지만 너무 막연하고 멀게만 느껴진다면 2부를 먼저 읽으면 좋다. 하루를 알차게 보내고 싶은 동기가 생길 것이다.

나는 1부와 2부의 내용을 숙지하고도 삶에서 어려웠던 부분들이 몇 가지 있었다. 이것을 3부에 풀어냈다. 3부에서는 조금 더 세세하게 시간을 관리할 수 있는 부분들을 다루고 있다. 당신이 데일리 리포트를 통해 꿈을 이루고, 시간 관리법을 통해 만족스러운 하루를 지낼 수 있기를 바란다. 페이지를 넘겨 1부에서 함께 살펴볼 나의 데일리 리포트와 당신을 위한 체크리스트를 확인해보라.

함께 살펴볼 데일리 리포트

1달 목표: 책 5권 읽기	1	2	3	4	5
오늘의 목표: 책 50쪽 읽기	////////	➡			

시 간	한 일	몰입도		분류
7	출근준비 3 출근 2		ㄹ	■
8	수학수업 3		ㅇ	▨
9	실과수업 5		ㅇ	▨
10	과학수업 4		ㅇ	▨
11	점심 1		ㄹ	■
12	휴식 5		ㅇ	▨
13	국어수업 5		ㅇ	▨
14	청소 5		ㅇ	▨
15	문서처리 1		ㅇ	▨
16	계획서 제출 2		ㅇ	▨
17			ㅇ	▨
18	시니어클럽 전화 1 퇴근 2		ㅇ	▨
19	저녁 2		ㄹ	■
20	독서 3		ㅂ	▨
21	핸드폰 1		✕	■
22	취침 4		ㅈ	■
23			ㅈ	■
24			ㅈ	■
24-7			ㅈ	■

· 3시쯤 쉬는 시간을 잠시 가져보자.

· 일하는 시간을 줄이기는 어려우니 퇴근 시간을 활용해보자.

당신만의 데일리 리포트를 위한 체크리스트

1. 한 장의 데일리 리포트에 기록할 일수를 체크해보세요.

   ☐ 하루   ☐ 일주일 이상

2. 데일리 리포트를 작성할 타이밍을 체크해보세요.

   ☐ 1시간마다   ☐ 일정이 끝날 때마다   ☐ 자기 전

3. 데일리 리포트를 무엇으로 쓸지 체크해보세요.

   ☐ 노트/스케줄러   ☐ 제본   ☐ 엑셀   ☐ 필기 앱

4. 몰입을 기록할 기준을 체크해보세요.

   ☐ 시간 (☐ 10분 ☐ 1시간)   ☐ 한 일

5. 몰입도의 단계를 체크해보세요.

   ☐ 2단계   ☐ 3단계   ☐ 5단계

6. 피드백의 기준과 방법을 체크해보세요.

   ☐ 한 일 (☐ 파이 ☐ 초성 ☐ 색깔)
   ☐ 몰입도 (☐ 상/중/하 ☐ 점수 ☐ 파이 ☐ 그래프)

7. 피드백의 주기를 체크해보세요.

   ☐ 1시간   ☐ 하루   ☐ 10일   ☐ 한 달

고백하자면 나는 책을 가까이하며 살고 싶었지만, 그러지 못할 때가 더 많았다. 책에서 하는 이야기가 다 비슷해보이기도 했고, 공감을 하고 고개를 끄덕이며 읽어도 책을 덮고 나면 잊어버릴 때가 많았다. 그러다보니 독서에 큰 재미를 느끼지 못했다.

그러던 중 우연한 기회에 책에서 읽은 내용을 삶에서 실천하시는 분을 만났다. 나는 고개를 끄덕이며 넘겼던 부분을, 그분은 정말 행동으로 옮겼던 거다. 삶의 격이 높아 보이는 그 사람을 닮고 싶어서 마음을 고쳐먹었다. 아무리 심심한 책 한 권을 읽어도 그 책에서 배운 딱 한 가지만을 실천해보기 시작했다. 모두 해보는 것은 어렵겠지만 한 가지 정도는 해보려면 해볼 수 있다는 생각으로 가볍게 말이다.

나한테 맞지 않아도 계속 해보며 내 것으로 만들어보려 했고, 나에게 잘 맞는 방법으로 바꾸어보기도 했다. 처음에는 아주 사소해보였던 모든 것들이, 지금 돌이켜보면 모두 나비효과처럼 내 삶이 변화하는 첫 날개짓이었다.

평생 해보지 않았던 것을 한다는 일은 어렵기도 하고 아무나 할 수는 없는 대단한 일이다. 나 역시 데일리 리포트를 쓰기가 어려웠고 아직 참 부족한 것이 많은 사람이지만, 이 책에 담은 내용을 익히고 실천해보면서 내가 어떤 하루를 보내는지 알게 되었다. 더 나아가 내가 어떤 시간과 어떤 일로 행복감을 느끼는지 알았고 나를 알차게 채워가는 방법을 알게 되었다.

이제 당신의 차례다. 언제나 책을 끝까지 읽어나가고 책에서 나오는 내용을 모두 실천하는 것은 어렵겠지만, 가장 기억에 남는 한 가지만이라도 실천해보길 바란다. 마음을 열고 받아들여주면 감사하겠다.

1부

데일리 리포트의
모든 것

◆

하루의 데일리 리포트를 보면
나의 하루가 어떻게 지나가고 있는지 보이지만,
1년의 데일리 리포트를 보면
나의 목표가 어떻게 이루어지고 있는지 보인다.

✦ 계획하고 몰입하고 피드백하고 꿈을 이루다

데일리 리포트란 말 그대로 하루를 기록하는 것이다. 내가 오늘 한 모든 일을 쪼개어서 기록하는 것을 의미한다.

데일리 리포트는 시간을 쪼개어 할 일을 계획하고, 각 시간마다 내가 한 일에 몰입한 정도를 체크한다. 일정을 다 소화한 후에는 나의 하루를 되돌아보고 피드백하여 다음 날에 반영하는 것까지 포함한다.

헉, 매일매일 모든 것을 어떻게 기록하냐고? 기록해서 뭐 하냐고? 긴장할 것 없다. 이 책만 차근차근 따라오면, 당신도 데일리 리포트의 대가, 시간 관리의 능력자가 될 수 있다.

< 데일리 리포트 3단계 >

1단계
plan
계획

2단계
immersion
몰입

3단계
feedback
피드백

　계획, 몰입, 피드백 이 세 가지의 단계마다 꼭 알아야 하는 포인트 몇 가지만 알면 된다. 먼저, 1단계❶에서는 나의 하루를 시간별로 쪼갠다. 그리고 그 시간에 따라 나의 목표를 세분화해서 기록한다. 2단계❷에서는 실제로 한 일과 그 일을 할 때 몰입도를 기록한다. 3단계❸에서는 구체적인 방법을 통해서 나의 하루를 되돌아본다. 즉, 피드백을 바탕으로 새로운 계획을 세운다. 이것이 '데일리 리포트'다.

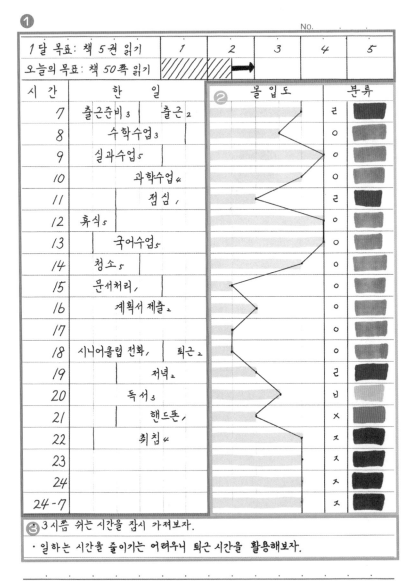

이 리포트의 더 자세한 설명은 102쪽을 참고해주세요.

✦ 지금 당신이
데일리 리포트를 써야 하는 이유

목표가 이루어지는 과정을 볼 수 있다

데일리 리포트는 단순히 일과를 정리해서 적는 것이 아니다. 데일리 리포트 안에는 반드시 목표가 들어 있다.

데일리 리포트는 그때그때 작성하고 언젠가 쓰레기통에 버리는 종이가 아니다. 하루, 일주일, 열흘, 한 달, 분기별, 1년을 차곡차곡 쌓아 올려야 한다. 하루의 데일리 리포트를 보면 나의 하루가 어떻게 지나가고 있는지 보이지만, 1년의 데일리 리포트를 보면 나의 목표가 어떻게 이루어지고 있는지 보인다.

나는 책에 나오는 글귀를 예쁘게 적는 걸 즐겨했다. 어느 날

'이걸로 무언가를 해볼까?' 하는 마음이 들어, 펜글씨 자격증을 취득하겠다는 목표를 세웠다.

그 후로 만약 누군가 내 데일리 리포트를 살펴보면, 내가 하루에 30분씩 글씨 연습을 하는 모습을 볼 수 있다. 한 달마다 데일리 리포트를 살펴보면 첫 번째 달은 한글, 두 번째 달은 영어, 세 번째 달은 한자를 연습하는 모습이 보인다.

1년 후의 데일리 리포트를 살펴보면 펜글씨 자격증 1급과 펜글씨 지도사 자격증을 따서 목표를 이룬 모습을 볼 수 있다. 이렇듯 데일리 리포트를 점검해보면 내가 목표를 향해 달려온 과정이 보인다.

데일리 리포트는 매우 체계적이다. 나의 매일이 보이고, 나의 일주일이 보이고, 한 달이 보이고, 상반기와 하반기가 보이며, 1년이 보이고, 5년이 보이고, 내 인생이 '한눈에' 보인다.

목적을 달성해주는 도구를 가질 수 있다

지금 이 글을 읽는 당신은 중학생이나 고등학생일 수도 있고, 대학생이나 대학원생일 수 있다. 혹은 취업준비생이거나 직장인, 주부이거나 은퇴 후 시간을 알차게 보내고 싶은 사람일 수도 있다. 데일리 리포트를 쓰는 이유는 하루를 더 알차게 살기 위해서일 수도 있고, 시험에 합격하기 위해서일 수도 있다.

목적이 뚜렷하게 없더라도 데일리 리포트를 쓰다 보면 목적이나 목표가 생길 수 있다. 어쩌면 데일리 리포트가 아침에 눈을 떴을 때 몸을 움직이게 해주는 원동력이 될 수도 있다. 성공한 사장님 옆에 유능한 비서가 있듯이, 목적을 달성하려는 당신 곁에 아주 유능한 데일리 리포트를 두라.

전문성을 지닐 수 있다

데일리 리포트를 쓰게 되면 한 분야에 전문성을 지닐 수 있다. 한 사람이 하나의 분야에 전문성을 가지는 데 7년이라는 시간이 걸린다. 데일리 리포트를 쓰게 되면 내가 어디에 시간을 쓰고 있는지 명확하게 드러난다.

반대로, 만약 내 시간을 어떻게 쓰고 싶은지, 어떤 삶을 살아가야 할지 모르겠다면, 내가 어떤 분야에 전문성을 가지고 싶은지부터 생각해보자. 2부에서 당신도 7년 안에 전문성을 지니고 싶은, 도전하고 싶은 분야를 찾을 수 있다.

개운한 아침을 시작할 수 있다

규칙적인 생활과 더불어 데일리 리포트를 쓰면 개운한 아침을 시작할 수 있다. 아침부터 피곤해하며 축 늘어져서 시작하는 사람들이 많다.

나는 일어나면 기지개를 먼저 쭉 펴면서 잠시 명상을 한다. 그 뒤에 음악을 들으면서 이부자리 정리를 하는 것으로 아침을 연다. 아침에 몰입도를 올리는 것은 나에게 그 무엇보다 중요하다. 그 기운이 저녁까지 연결되기 때문이다. 그리고 데일리 리포트에 할 일을 체크하고 하루를 조밀하게 바라보는 것으로 아침맞이를 마무리한다.

개운한 아침, 개운한 하루, 모든 것에 감사하고 기뻐한 뒤에 나의 아름다운 하루를 시작한다. 하루를 허둥지둥대며 소란스럽게 시작하는 대신 데일리 리포트와 함께 정돈하며 시작하자.

해야 할 일을 그만 생각할 수 있다

사람은 누구나 해야 할 일을 머릿속으로 되뇐다. 그리고 그 일을 다할 때까지 계속 긴장한다. 내가 일을 완료하면 머릿속에서 그 일을 지워버리지만, 그게 아니라면 '해야 하는데'라고 계속 생각한다.

그런데 데일리 리포트를 쓰면 해야 할 일에 대한 시간을 적당히 정해서 계획으로 잡은 후 머릿속에서 지워버리면 된다. 이후 계획한 시간이 되었을 때 그 일을 하면 그뿐이다. 더 이상 쓸데없는 걱정과 긴장감으로 자신을 괴롭히지 않아도 된다.

데일리 리포트와 체크리스트를 결합한 형태는 서로의 장단점을 보완해줄 수 있다. 체크리스트는 오늘 반드시 해야 할 일을 나타내주지만 그 일이 얼마나 시간이 드는지는 체크해줄 수 없다. 이미 많은 이들이 사용하고 있는 양지 다이어리는 이 두 가지 형태가 결합되어 있어 매우 편리하다.

시간을 의식할 수 있다

수업 시간은 지루하게 느껴지면서 사랑하는 사람과 같이 있으면 시간이 너무 빨리 지나간다고 느껴진다. 아인슈타인에 따르면 시간은 상대적인 개념이다. 나는 시간을 의식하고 있을 때 시간의 주도권을 쥘 수 있다고 생각한다. 누구나 한 번쯤 핸드폰을 10분만 보려고 했다가 나도 모르게 한 시간이 흘러간 적이 있을 것이다. 바로 시간의 주도권을 놓쳐버린 것이다.

반면, 10분의 발표 시간이 주어졌다고 생각해보자. 10분 안에 준비한 말을 해야 하기 때문에 시계를 보면서 흘러가는 1분 1초를 의식하게 되고, '시간 민감성'이 높아지면서 시간이 천천히 흘러가는 것처럼 느껴진다. 핸드폰을 보면서 누워있던 10분과 발표의 10분은 퀄리티가 다른 시간인 셈이다.

바로 이렇게, 데일리 리포트를 쓰게 된다면 언제나 내가 의식하면서 시간을 다룰 수 있게 되고, 이것이 익숙해지면 무의식중에도 시간을 소중하게 쓸 수 있게 된다. 즉, 자연스럽게 시간을 의식하면서 하루를 보낼 수 있다.

자투리 시간을 찾을 수 있다

시간을 의식하게 되면 자투리 시간을 얻을 수 있다. 꽁꽁 숨겨져 있고, 아무도 흘러 나가는 줄 몰랐던 시간, 이 시간을 찾아내서 내 것으로 만들 수 있다.

한때 나는 시간이 없다는 말을 입에 달고 살았다. 처음으로 교생 실습을 나갔던 대학생 때가 생각이 난다. 교실 뒤편에 서서 아이들을 바라보고 있으니 잠시 추억에 잠겼다. 아주 작은 의자에 앉은 아이들은 〈기차를 타고〉 동요를 부르고 있었다. '분명히 며칠 전까지 내가 저기에 앉아 있었던 것 같은데, 이제는 교생 선생님이 되어버렸네' 하고 묘한 기분이 들었다. 시간이 너무 빨리 흘러가서 조금만 있으면 중년이 되고, 또 조금만 있으면 할머니가 될 것만 같았다.

그런데 자투리 시간을 찾은 뒤로는 시간이 너무나 느리게 흘러간다. 핸드폰으로 인스타그램과 유튜브를 둘러보던 시간, 저녁밥을 먹고 나서 남는 7분가량의 짬, 아무렇게나 쌓아두었던 서류를 마음먹고 정리하던 시간, 대중교통으로 이동하던 시간, 회의를 마친 후 다시 일에 집중하기까지 걸리는 시간, 약속 시간에 먼저 도착해 친구를 기다리던 5분 정도의 시간을 모으고 모으니 남들보다 하루에 한두 시간은 더 사는 것 같았다. 자투리 시간이 보석 같은 시간이 되어 26시간으로 사는 기분은 조금 특별하다.

매일 조금씩 하는 힘이 생긴다

고등학생 때 영어듣기 20문제 중에 네 문제만 맞고 나머지는 모두 틀렸던 적이 있다. 나는 이래서는 안 되겠다며 언니에게 도움을 청했다.

언니는 "영어듣기는 너처럼 일주일에 한 번, 몇 시간씩 몰아서 공부한다고 되는 게 아니야. 이 문제집을 하루에 20분씩만 듣고 풀어봐"라고 했다. 그 후로 수능을 칠 때까지 아침 자습 시간 20분은 매일 영어듣기를 하는 시간으로 정해두었다. 결국 수능에서 영어듣기를 모두 맞혔다.

어떤 일을 이루기 위해서는, 하루에 몰아서 하는 것보다 매일 조금씩 하는 것이 훨씬 효과적이다. 하고 싶은 일이 있다면 데일리 리포트에 매일 15분씩만 시간을 정해두고 한번 해보자.

제한 시간을 잘 인식하게 된다

당신에게 제한 시간은 어떤 의미로 와닿는가? 끝이 정해져있으니 편하다고 느끼는가, 압박감을 느끼는가?

나에게 제한된 시간은 이로운 시간이다. 한 예로, 내가 가르치는 학생들에게 제한 시간을 미리 알려줄 때와 아닐 때의 결과는 크게 다르다. 내가 아이들에게 그냥 "미술 활동 시작하세요"라고 하면 아이들은 무한정 시간이 있는 것처럼 착각하고, 아주 느긋하게 구상만 15분 정도를 한다. 그런데 "이 활동은 25분의 시간을 주겠습니다"라고 하면, 5분 구상, 10분 스케치, 10분 채색으로 시간을 잘 활용한다. 실로, 내가 하는 일에 스스로 제한 시간을 설정하는 것은 목표를 달성하는 데 큰 도움이 된다.

마감이 있는 일을 처리하는 방식에는 두 가지가 있다. 먼저 하거나, 나중에 하거나. 일을 먼저 하게 되면 일단 마음이 편하고, 계속 수정할 수 있으니 결과물의 퀄리티를 높일 수 있다. 일을 나중에 하면 어떨까? 시간이 부족한 대신 최대한의 집중력과 능력 이상의 힘을 발휘하기도 한다.

한편 일을 먼저 하게 되면 미루고 싶은 마음이 시시때때로 찾아온다. 일을 나중에 하게 되면 꼼꼼하게 챙기지 못해 실수가 나타나기 마련이다. 두 방식의 장점을 극대화하고 단점을 최소화할 수 있는 방안은 내가 임의로 제한 시간을 두는 것이다.

예를 들어 오늘이 5월 1일인데 새로운 과제 제출 기한이 5월 24일까지이면, 5월 15일까지 마무리하기로 생각하는 것이다. 나의 집중도는 5월 15일이라는 마감일이 있기 때문에 2주 동안 올라간다. 그러면서 실제 제출 기한 전에도 여유롭게 점검하고 수정하며 퀄리티를 높일 수 있다.

그런데 이때 이런 순간이 온다. '5월 15일까지 가짜 제출 날짜를 정한 것은 나 스스로 정한 거야. 살짝 미뤄도 되고 지금은 대충 해도 돼.' 바로 나와 타협하는 순간이다.

이 문제를 해결하려면 데일리 리포트가 필요하다. 데일리 리포트에 기록해 시간을 눈에 보이도록 만들면, 데일리 리포트를 쓰지 않을 때보다 제한 시간에 대한 인식이 훨씬 더 높아진다.

규칙적인 생활이 가능하다

데일리 리포트를 사용하면 규칙적인 생활을 할 수 있다. 다르게 이야기하자면 쉬어야 할 때 쉴 수 있다. 데일리 리포트를 쓴다는 건 잘 휴식해서, 중요한 때에 몰입도를 끌어올리는 것이자 내가 원하는 삶의 방향을 인지하고 있으며, 그 방향대로 이끌어가는 것이다. 다음 두 상황을 비교해보자.

[데일리 리포트를 쓰지 않는 상황]

친구: 그냥 헤어지기는 아쉬운데, 배는 조금 부르고 시간도 애매하네. 어떻게 할까?

나: 그럼 뭐, 간단하게 맥주나 한잔 마시고 집에 갈까?

(2시간 후)

친구: 맥주 마시면서 말을 너무 많이 했더니 흥도 오르고 배고파. 옆집이 내가 잘 아는 맛집인데 거기 마지막으로 갔다가 집에 갈까?

나: (너무 늦어지는 것 같긴 한데……. 자주 만나지도 못하는데……. 뭐, 내일 일은 내일의 내가 해결하겠지.) 좋아! 이왕 만난 거 끝

까지 달려보자!

(결국 서로 피곤한 상태로 헤어졌다. 다음 날은 설명을 생략한다.)

[데일리 리포트를 쓰는 상황]

친구: 그냥 헤어지기는 아쉬운데, 배는 조금 부르고 시간도 애매하네. 어떻게 할까?

나: (지금 밖에 더 있으면 내일 몰입도가 떨어질 텐데⋯⋯) 그러면 오늘은 집에 가고, 혹시 27일에 시간 괜찮으면 그때 네가 아까 가보고 싶다고 했던 기념품 가게 가볼까?

(다음 날 오전, 정해진 시간에 일어나 규칙적인 생활을 이어 할 수 있다.)

한 번 더 두 상황을 비교해보자.

[데일리 리포트를 쓰지 않는 상황]

(밤 11시 30분)

꼭 해야 하는 과제가 있는데, 지금 느낌이 오니까 하는 김에 다 끝내고 자야지.

(새벽 2시)

와, 결국 다 했다. 난 최고야!

(다음 날)

어제 늦게까지 과제를 했더니 피곤하네……. 오늘은 좀 쉬어야
겠다.

[데일리 리포트를 쓰는 상황]

(밤 11시 30분)

몰입도가 올라가기는 했지만 욕심내서 더 하면 내일의 몰입도
를 떨어트릴 수 있으니 오늘은 이만 자야겠다. 대신 내일 오전
시간을 활용해서 과제를 마저 끝내야지.

(다음 날)

급한 과제는 했고, 컨디션도 좋으니 아직 마감 기한이 남은 과제
도 미리 해두어야겠다!

어떤가? 데일리 리포트를 쓰면 이렇게 몰입도의 균형을 맞추
고 싶어지고(피드백하는 과정을 통해 이런 마음이 자연스럽게 든다),

규칙적인 생활을 하게 되고, 일의 효율까지 올릴 수 있다. 하루 하루를 내가 살고 싶은 방향대로 나아가며 살아갈 수 있게 된다.

최상의 컨디션으로 몰입할 수 있다

똑같은 일을 해도 결과물이나 만족도가 다를 때가 있다. 어제 잠들었던 시간이나 나의 컨디션, 일의 숙련도, 심지어는 날씨까지 똑같아도 말이다. 이와 마찬가지로, 똑같이 누군가를 만나고 똑같은 책을 읽어도 우리의 하루는 완전히 달라진다. 이렇게 만족도가 달라지는 이유는 도대체 무엇일까?

궁극적인 이유는 나의 몰입도가 다르기 때문이다. 어떤 날은 '마치고 뭐 하지? 얼른 대충 끝내고 가야겠다'라는 생각이 들 때도 있고, 어떤 날은 '조금 더 효율적으로 하는 방법은 없을까?'라는 생각이 들 때가 있을 것이다. 우리는 데일리 리포트를 쓰면서 이 몰입도를 최대한으로 끌어올릴 수 있다.

몰입을 하게 되면 우리의 몸은 평소와 다르게 머리가 총명해지고 행동은 빨라진다. 이렇게 최상의 컨디션으로 일을 하면 생각보다 쉽거나 빨리 끝날 일들이 생길 것이다. 나의 보너스 시간은 또 다른 활동에 쓰면 되니 나는 또 시간을 번 셈이다.

시간 소비를 한눈에 파악할 수 있다

우리는 가계부를 쓰면서 소비 습관을 파악한다. 소비 습관과 마찬가지로 시간 소비 습관을 파악하는 일이 꼭 필요하다. 데일리 리포트를 쓰면 시간 소비 습관을 알 수 있다.

내게도 할 일이 너무 많아 시작조차 하지 못했던 때가 있다. 손을 대기가 어려워 이틀 동안 계속 미루고 미뤘다. 결국 해야만 하는 시간이 닥쳤을 때, 한숨을 푹 쉬며 자리에 앉아 일을 겨우 시작했다. 그런데 웬걸, 1시간 만에 다 끝나버렸다. 나의 생각보다 훨씬 수월한 일이었다. 이날 이후로 비슷한 과제를 맞닥뜨리게 되면 '1시간 정도 걸리겠지?' 생각하게 되었다.

비슷한 예로, 한국사 시험을 치는 것이 굉장한 마음의 부담이었다. 방학 때마다 시험 접수를 해두고는 공부하는 것이 엄두가 나지 않았다. 3년이 지나고, 이제 진짜 해야겠다고 발등에 불이 떨어질 만큼 급해지자 6일만 공부하고 시험을 통과할 수 있었다. 6일밖에 걸리지 않을 줄 알았다면 3년 전 여름방학 때 해도 됐을 것을!

반대로, 내 예상보다 일이 길어진 적도 있다. 한번은 30분이면 끝날 줄 알았던 여행 계획을 하루 종일 붙들고 있던 적이 있다. 일뿐만 아니라, 친구와 차만 마시고 헤어지려 했는데 밤새도록 수다를 떨었던 기억도 난다. 중요한 사실은 나는 이 모든 걸 데일리 리포트에 기록해서 내가 시간을 어떻게 쓰는 사람인지 인지했다는 점이다.

이러한 데이터가 '쌓이면' (중요하니까 다시 말하겠다. 데이터가 쌓이면!) 나의 역량을 파악할 수 있다. 시간 관리는 이전보다 더 정확하게 이루어질 것이고, 목표량도 알맞게 설정할 수 있다. 그러기 위해서는 자기에게 주어진 시간에 따라 내가 정말 할 수 있는, 하고 싶은 양을 정확히 알아야 한다. 과제 완수 여부만 파악할 수 있는 체크리스트로는 절대 알지 못하는 것들이다.

나는 이걸 안 뒤로부터는 새로운 업무에 지레 겁먹지 않게 되었다. 지금은 내가 시간을 보내는 습관과 일정 시간 동안 내가 할 수 있는 일의 정도를 알기에, 거침없이 해낼 수 있다.

덕분에 직장동료들에게 업무 협조를 요청하기도 어렵지 않다. 내가 업무를 미리 해본 뒤에 동료들에게 업무 내용과 함께 "제가 직접 해보니 10분 정도 걸립니다"라고 예상 소요 시간을 알려주었다. 그러자 동료들은 언제 이 업무를 하면 좋을지 알 수 있어 일정 관리가 편했고 부담을 덜었다며 협조해주었다.

시간 소비 패턴을 파악하면 결국 '나'라는 사람을 파악할 수 있다. 내가 어느 시간대와 어느 상황에 강하고 목표한 바를 잘 이룰 수 있는지, 언제 지치고 속도가 느려지며 휴식이 필요한지 느낌이 아니라 '통계'로 알아낼 수 있는 것이다.

최근 석 달의 생활 패턴을 점검해본 결과, 나는 일요일 저녁에 생활 리듬이 가장 쉽게 무너진다는 것을 알게 되었다. 아마 주말을 보내고 다음 날 출근을 해야 한다는 부담감 때문이리라. 또한 나는 비가 오면 컨디션이 떨어진다는 것을 알게 되었다.

내 패턴을 알게 된 후로 나는 일요일 저녁에 내가 가장 좋아하는 것들을 일정에 넣었고, 주말 마무리를 더 탄탄하게 할 수 있었다.

내 인생의 비포 & 애프터가 완성된다

데일리 리포트를 알기 전 나는 이런 사람이었다.

누군가 하는 말에서 단어 하나 어투만 거슬려도 짜증이 난다.

공포영화나 놀이기구가 끔찍하다.

고통이나 아픔을 남들보다 더 많이 느낀다.

사람이 많은 곳에 가면 울기 일쑤다.

아침에 일어나기가 너무 힘들다.

촉각에 아주 민감해서 누가 스치기라도 하면 견딜 수가 없다.

음식을 먹기 전에는 늘 냄새를 먼저 맡는다.

좌우대칭 강박이 있다. (오른쪽 팔을 긁으면 왼쪽 팔도 긁는다.)

집을 나가기 전에 열 번도 더 옷을 갈아입는다.

문제가 생기면 항상 회피한다.

예측하지 못하는 상황에 굉장히 불안해한다.

혼자가 되기 싫다.

데일리 리포트를 알게 된 후 나는 이렇게 변화하였다.

누가 나를 방해하더라도 하던 것을 놓고 상냥하게 대한다.

하루 세끼, 영양분을 고루 섭취한다.

기쁨과 감사, 행복과 열정으로 아침을 연다.

중요하지 않은 일에는 뇌 속에서 신경 스위치를 off한다.

어떤 문제가 생기면 한 단계씩 해결해나간다.

예측하지 못하는 문제가 생기더라도 나 자신을 믿는다.

다른 사람에게 내가 원하는 것과 원하지 않는 것을 상대의 기분을 상하게 하지 않게 요청하려고 노력하며, 내가 요청한 모든 일들은 좋은 결과를 낸다고 느낀다. 설사 좋은 결과를 얻지 못하더라도 해결할 수 있는 다른 방안이 언제나 있다고 믿는다.

스트레스 지수를 스스로 관리할 수 있다. 나의 하루 생체 리듬을 알고 적당할 때 쉬어주기 때문에 번아웃이 오지 않는다. 오히려 일의 효율은 증가하고, 결과물도 더 좋아진다.

혼자 있는 것을 두려워하지 않는다. 혼자 있든, 다른 사람과 같이 있든 생산적인 삶, 성장하는 삶을 위해 뛰어들게 되었다.

나의 삶을 내가 만들 수 있다. 내가 태어난 환경, 사는 곳, 내가 만나는 사람들 등에서 느꼈던 한계나 제한은 더 이상 나에게 존재하지 않는다. 살아지는 대로 사는 삶이 아닌 진짜 나만의 삶을 살 수 있게 되었다.

나는 내 성격에 바꿀 부분이 많다고 생각했다. 외부 자극을 받아들일 때 가장 먼저 발동하는 것이 감각 체계인데, 이 감각이 상당히 예민했다. 특히 예기치 못한 자극일수록 그랬다. 나는 곧, 내가 이 예민한 감각을 다루는 방법을 익히면 긍정적인 방향으로 변화할 수 있다고 생각했다.

나는 올바른 방향으로 나아가기 위해서 내 모든 것의 주도권을 스스로 쥐고 있기로 했다. 먼저 내 주변에 내가 통제할 수 없는, 의도하지 않은 변화를 모두 정돈해야 했다. 그때 데일리 리포트가 가장 큰 도움이 되었다.

주변이 바뀔 때마다 흔들리지 않고 새로운 상황에도 금방 다시 내가 시간을 주도하기 시작했다. 주어진 대로 살아간다면 어제와 똑같은 오늘이 될 뿐인데, 데일리 리포트는 어제보다 나은 오늘, 오늘보다 나은 내일을 만들어주었다.

데일리 리포트는 엄청난 동기 부여가 된다. '오늘 하루 안에만 하면 되지'가 아니라 몰입도를 올리기 위해 지금 이 순간에 최선을 다하게 된다. 데일리 리포트는 '다 했으니 유튜브나 보자'가 아니라 '지금 내가 무엇을 하면 될까?'라고 사고의 패러다임을 완전히 바꿔준다.

변화는 항상 예상을 벗어난다. 하지만 이제 괜찮다. 삶을 대하는 나의 방식도, 내가 나를 보는 방식도 변했기 때문이다.

✦ 데일리 리포트 기본 세팅

이제 본격적으로 데일리 리포트를 작성하는 방법을 알아보자. 앞서 말했듯 데일리 리포트는 계획하기, 몰입하기, 피드백하기까지 3단계로 이루어져 있다. 각 단계마다 꼭 알아야 하는 점을 짚고 실제적으로 데일리 리포트를 쓰는 방법을 살펴보자.

외출을 준비할 때를 한번 생각해보자. 나의 경우에는 먼저 상의를 고르고, 그에 어울리는 하의를 고른다. 필요할 때는 모자나 액세서리도 착용한다. 마지막으로 옷에 어울리는 신발을 골라 신고 외출 준비를 마무리한다.

데일리 리포트를 쓸 때도 똑같다. 각자에게 어울리는 방식이 있다. 예를 들어 자세하게 적고 분석하기를 좋아하는 나는 모든 요소를 넣어서 상세하게 쓰기를 지향한다. 반면에 간편함을 선호하고 기계를 잘 다루는 나의 한 친구는 중요하다고 생각하는 부분만 핸드폰에 간단하게 남긴다.

나는 당신이 데일리 리포트를 작성하는 데 당신에게 잘 맞을 방법을 선택할 수 있도록 다양한 방식을 제시하고자 했다. 나에게 맞거나, 맞다고 생각하거나 해보고 싶은 요소를 체크해보길 바란다.

초보자의 경우는 자신에게 어떤 방법이 맞는지 시행착오가 있을 수 있다. 나에게 어울리는 패션을 찾고 나만의 매력과 분위기를 만들려면 옷을 많이 입어보는 것처럼, 자신에게 최적화된 방법을 찾아내려면 여러 방법을 써 봐야 한다. 시행착오를 거치는 시간이 오래 걸리지는 않을 것이다.

언제 쓰면 좋을까?

데일리 리포트는 한 장에 하루를 기록할 수도 있고, 한 장에 일주일 혹은 그 이상을 기록할 수도 있다. 한 장에 하루씩 기록하면 여러 가지 요소를 상세하게 기록할 수가 있다. 일주일을 기록하면 계획과 한 일, 몰입도 정도만 간단하게 기록하면 되고 일주일을 한눈에 볼 수 있다. 장단점이 있기에 자신에게 맞는 적절한 일수를 정해서 계획을 세우면 된다.

한 장에 하루를 기록하는 방식

5월 1일					
오늘의 목표					
시간	할 일	한 일	몰입도	내가 넣고 싶은 요소 (피드백, 운동, 식단 등)	
9시~10시					
10시~11시					

한 장에 일주일을 기록하는 방식

5월 1주차	월			화		
시간	할 일	한 일	몰입도	할 일	한 일	몰입도
9시~10시						
10시~11시						

· · ·

　다음으로 언제 데일리 리포트를 작성하면 좋을지 생각해보자. 평소 성향에 따라 자주 꺼내보는 것이 편한지, 정해진 시간에만 기록하는 것이 편한지도 생각해 보는 것이 좋다.

　일과 중에 작성한다면 자주 꺼내보아야 하지만, 시간이 많이 걸리지는 않는다. 반면 일과가 끝난 후 작성한다면 다소 시간이 걸리고 기억을 떠올려야 하겠지만 하루를 되돌아볼 수 있는 장점이 있다.

　나의 경우에는 데일리 리포트를 한 시간마다 한 번씩 기록한 적도 있었고, 요즘은 아침(플랜 세우는 용도), 퇴근하기 전(업무를 되돌아보며), 자기 전(하루를 되돌아보며) 하루에 세 번 작성한다. 데일리 리포트를 쓰면서 자신에게 맞는 방식을 찾아보고, 최적화된 방식을 적용해서 고정하면 된다.

데일리 리포트를 작성할 타이밍을 체크해보세요.

☐ 1시간마다 ☐ 일정이 끝날 때마다 ☐ 자기 전

무엇으로 쓰면 좋을까?

고등학생 시절 데일리 리포트를 쓸 때는 노트에 줄을 죽죽 그어서 내가 한 일과 몰입도만 표시했다. 야간자율학습을 마치고 집에 돌아와 노트 사진을 찍어서, 친구와 서로 문자로 공유하고 응원하며 공부했던 기억이 난다. 시간이 지난 지금은 4차 산업혁명 시대에 알맞게 아이패드와 엑셀 등 각종 하드웨어, 소프트웨어를 활용하여 쓰고 있다.

데일리 리포트에는 아날로그에서부터 디지털까지, 그리고 단순한 방법부터 복잡한 방법으로 쓴 것까지 있다. 나처럼 아무 노트에 줄을 좍좍 그어서 사용해도 훌륭한 데일리 리포트를 만들 수 있다. 이미 인터넷에는 많은 데일리 리포트 양식이 있으니 그중에서 나의 입맛대로 골라 다운받아서 사용해도 된다. 엑셀이나 한글 파일을 사용하여 직접 만들어도 좋다. 중요한 것은 목적과 실행에 있기 때문이다. 규격이나 여백, 항목 등을 자기에게 가장 알맞게 정하는 것이 핵심이다.

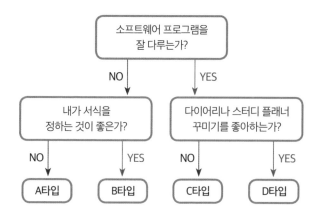

소프트웨어 프로그램을
잘 다루는가?

NO → 내가 서식을
정하는 것이 좋은가?

YES → 다이어리나 스터디 플래너
꾸미기를 좋아하는가?

NO → A타입

YES → B타입

NO → C타입

YES → D타입

A타입: 노트나 스케줄러를 추천한다. 노트를 활용하면 시간과 공간의 제약 없이, 종이와 펜 하나만 있으면 기록이 가능하다. 나도 초기에는 종이와 펜만 잡으면 되는 아날로그 방식을 사용했다. A4용지도 좋고, 손에 들고 다닐 수 있는 작은 노트도 좋다. 혹은 업무용 다이어리 한쪽에 작게 그려 넣어도 데일리 리포트가 완성된다.

B타입: 직접 제본을 하기를 추천한다. 노트를 사용하면 줄을 계속 그어야 한다는 불편함이 있을 수 있다. 이에 대한 해결 방법으로는 구글이나 유튜브에 '데일리 리포트 양식

공유'라고 검색하면 무료료 사용 가능한 양식이 많이 나온다. 그중에서 가장 마음에 드는 것을 인쇄하거나, 저장해두고 사용하면 된다. 많은 데일리 리포트의 양식을 검토한 뒤에 마음에 드는 부분만 뽑아내서 자기만의 스타일로 편집해도 좋다. 내가 직접 책처럼 만들면 더욱 애정이 가득해진다.

C타입: 엑셀이나 스프레드시트로 작성하기를 추천한다. 조건부 서식을 활용하여 자동으로 통계를 산출할 수 있고, 양식이 반복되기 때문에 편리하다. 내가 현재 사용하고 있는 방식이다. 여러 가지 함수와 시트를 활용해 손쉽고 다양한 방법으로 가독성 있는 데일리 리포트를 작성할 수 있다.

D타입: 굿노트와 같은 필기 앱을 활용하여 작성하기를 추천한다. '바른 생활-데일리 리포트'나 '하루콩'은 추후 살펴볼 몰입도를 체크하기에 좋은 앱이다. 단순히 한 일을 체크하고 싶다면 'ATracker', '마이루틴', '열공시간' 앱을 추천한다.

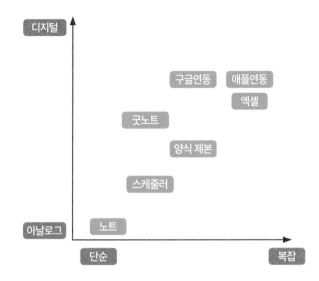

종이와 펜만 있으면 어디든지 언제든지 작성할 수 있는 아날로그 방식은, 가장 친숙하고 쉬운 방법이다. 간단하고 명확하게 작성할 수 있고, 한 눈에 보기에도 편리하다. 손으로 적는 것의 힘은 생각보다 크다. 대신 계속 들고 다녀야 한다거나 많은 정보를 입력할 수 없다는 지면의 한계가 있다. 통계를 내기 어렵다는 점이 아날로그 방식의 가장 아쉬운 점이다.

반면 디지털 방식은 기록을 할 때 시간이 많이 걸리지 않고,

반복되는 부분은 복사-붙여넣기를 하면 그만이다. 또한 스마트 기기들끼리 연동이 되어 있어 핸드폰의 기록이 바로 패드에 반영되기도 하니 이 점을 잘 활용한다면 더할 나위 없이 좋다.

또 엑셀 프로그램은 기본 정보만 입력해서 넣으면, 내가 힘들이지 않고도 나의 하루 일과를 정리해서 통계를 내고, 시각적으로 표현할 수 있으니 정말 매력적이다. 작성한 내용은 폴더에 저장해두면 언제든지 수정이나 검색과 공유가 가능하다.

하지만 디지털 기계나 사용법이 익숙하지 않다면 기록하기가 어렵다는 단점이 있다. 또 기본적으로 스마트 기기나 컴퓨터를 켜서 들어가야 하기 때문에 종이에 바로 기록하는 것처럼 접근이 아주 편리하고 손쉽지는 않다.

사람이 하나의 습관을 지니기 위해서는 66일의 시간이 걸린다고 한다. 다시 말해서, 66일 동안 반복하면 그것은 내 것이 되는 것이다. 처음 키보드를 두드리는 초등학생은 독수리 타법을 이용한다. 그러나 시간이 흐르면 생각하지 않고도 익숙하게 타자를 칠 수 있다. 연필을 잡는 법도 처음에는 생각해야 하지만 나중에는 아무 생각 없이 바로 쥘 수 있다. 중도 포기는 누구한테나 쉽다. 이 책을 읽고 있는 만큼은 중도 포기하지 않고, 딱 66

일만 해보자. 성공한 모든 사람이 가지고 있었던 시간 관리 능력, 바로 당신의 것이 될 날이 머지않다.

데일리 리포트를 무엇으로 쓸지 체크해보세요.

☐ 노트/스케줄러   ☐ 제본   ☐ 엑셀   ☐ 필기 앱

✦ 계획하기

15분으로 26시간 만들기

계획의 필요성

에이브러햄 링컨은 "내게 나무를 베어야 하는 여섯 시간이 주어진다면 그 중 절반은 도끼날을 가는 데 쓰겠다"라고 했다. 하루 15분이면 된다. 15분으로 오늘 하루를 정돈해본다면, 체감상으로는 하루가 26시간쯤은 되는 듯 느껴질 것이다.

계획을 하지 않은 하루는 참 바쁘고 정신없이 흘러간다. 계획과 함께 시작한 하루는 잘 정돈되어 있고 여유로우며, 특히 데일리 리포트 방식으로 계획을 하면 정신이 또렷하고 맑으며 지금의 할 일에만 집중할 수 있다.

데일리 리포트의 핵심 중 하나는 '시간대별로' 계획을 세우는 것이다. 나 같은 경우, 데일리 리포트를 쓰지 않을 때는 카드 발급 받기 같은 다소 사소한 할 일은 조금 미루곤 했다. 오늘 안에만 하면 된다는 생각 때문이다. 그런데 이 카드 발급은 내가 저녁 늦게 카드를 받기까지 내 머릿속에서 해야 할 일 목록으로 남아 나를 괴롭혔다. 해야 할 일을 지우지 않고 계속 생각하려니, 정신적으로 매우 피곤했다.

당신은 이러한 불필요한 뇌 노동을 할 필요가 없다. '카드 발급 받기'를 적자. 데일리 리포트 오후 12시~1시 칸에 적는 거다. 점심을 먹고 1시가 되기 전 잠깐 쉬는 시간에 온라인으로 카드를 발급받으면 된다. 이 이외의 시간에는 카드 발급에 대해서 전혀 생각할 필요 없다.

만약 카드사가 전화를 받지 않거나, 내 계획에 차질이 생겼더라도 좌절할 필요가 없다. 우리는 우리의 계획을 실행했으므로, 기존의 계획은 완료 표시를 한 뒤에 오후 4~5시 칸에 다시 적어놓으면 된다. 그리고 4시가 되기 전까지 깔끔히 잊어버리자.

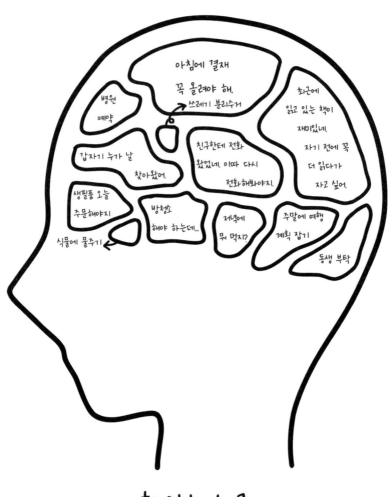

계획 없는 하루

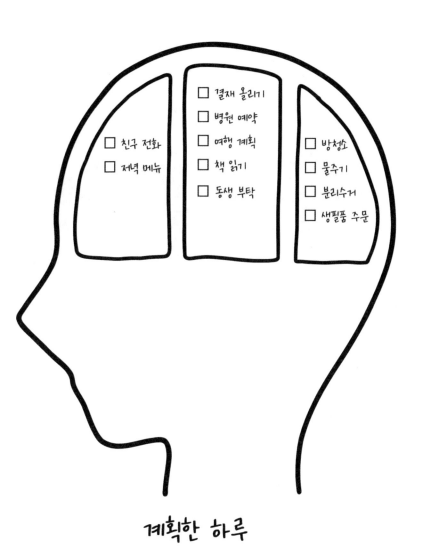

☐ 친구 전화
☐ 저녁 메뉴

☐ 결재 올리기
☐ 병원 예약
☐ 여행 계획
☐ 책 읽기
☐ 동생 부탁

☐ 방청소
☐ 물주기
☐ 분리수거
☐ 생필품 주문

계획한 하루

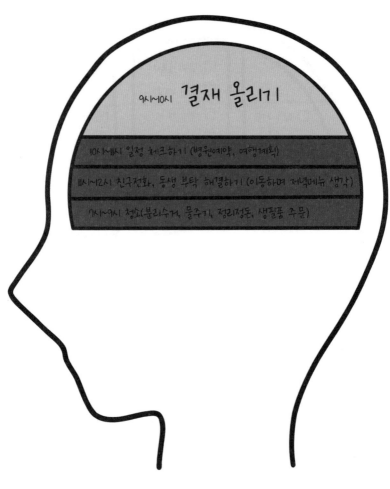

데일리 리포트식 하루

계획에 무엇을 쓸까?

데일리 리포트에는 나의 꿈과 관련한 계획을 쓰면 효과가 아주 커진다. 예를 들어 '대학원에 진학하고 싶다'는 목표가 있다면, 늘 생각할 수 있도록 데일리 리포트의 가장 상단에 적는다. 또, 매일의 계획을 세울 때는 '6시~7시, 00대학원 모집요강 알아보기'와 같이 목표에 가까운 하루 일과를 포함해 계획을 세운다.

또한, 우리는 전략을 잘 세워야 한다. 사람의 뇌는 한정적일 수밖에 없다. 용량이 조금 더 큰 사람, 조금 더 작은 사람이 있을 뿐이다. 그래서 나는 시험이 끝나면 다음 시험을 준비하기 위해 지난 시험 범위에 대한 뇌 용량을 삭제하는 작업을 15분 정도 거치기도 했다.

대개 많은 사람들은 한 번에 크게 하나를 처리하려고 한다. 예를 들어, 시험 공부 계획으로 '오늘은 사회를, 내일은 과학을, 모레는 영어를 할 것이다'라고 마음먹는다. 이렇게 공부하면 반드시 시험을 망친다.

중요한 것은 가능한 할 일을 나누고 매일 조금씩 보는 것이다. 하루에 한 장이라도 좋다. 나는 중간고사가 끝난 날부터 다음 시험을 준비했다. 아무도 없는 도서관에서 다음 시험을 준비하는 기분은 참으로 묘하다. 수업 시작하기 전에 한 번, 수업 시간에 한 번, 쉬는 시간에 한 번, 수업이 끝난 후 집에 가기 전에 한 번, 집에 와서 한 번씩만 훑어봐도 벌써 다섯 번을 본다. 이 한 번들이 모여서 아주 커다란 시너지 효과를 만들어낸다.

내가 대학생 때 일이다. 시험장에 들어가서 출제 문제들을 보자 순간 내가 있는 공간이 달라졌다. 나는 문제의 내용을 배웠던 그 날의 강의실로 돌아가 교수님의 제스처, 내가 썼던 형광펜의 색깔까지 다시 보았다. 결국 나는 시험지에 토씨 하나 틀리지 않고 답안을 적어서 낼 수 있었다. 이것은 조금씩 반복했던 내 습관의 상승효과였다. 꼭 공부에만 해당하는 이야기가 아니다. 피아노 연습이나 컴퓨터 타자 연습도 마찬가지다. 데일리 리포트에 매일 조금씩 할 것을 적어놓자.

또한 계획을 세울 때는 내가 실천할 수 있는 양보다 조금 적게 잡아야 좋다. 왜 그럴까? 다음 상황을 상상해보자. 당신은 퍼즐 맞추기에 몰두했다. 조금만 더 하면 퍼즐이 완성된다. 그런데 마지막 한 조각이 도저히 찾아도 없다. 이 상황에서 당신은 어떻게 할 것인가? 그 한 조각을 채우고 싶어 주변을 샅샅이 찾아보지 않을까?

사람은 마무리 못한 일을 완성하고 싶어 하는 욕구가 있다. 퍼즐의 마지막 한 조각이 채워져 있지 않다면 그 조각을 채우고 싶어 한다. 반대로 모든 것이 완벽하게 들어맞다면 안정감을 느끼게 되고, 무엇을 더 하고 싶어 하지 않는다. 그렇기 때문에 오늘 당신의 할 일 중에서 퍼즐 한 조각을 남겨두는 것이다. 그러면 다음 날 당신은 빨리 그 퍼즐 한 조각을 채우고 싶어서, 조금 더 빨리 당신의 할 일이나 임무에 몰두하게 될 것이다.

만약 한국사를 공부한다고 생각해보자. 당신을 오늘 1단원을 모두 공부하고 다음 날 2단원을 공부하기로 한다. 그런데 2단원 첫페이지에서 다음 페이지로 넘어가질 않는다. 혹은 마음먹는 데 시간이 걸려 시작조차 못했다. 그런데 1단원 마지막 공부할 부분을 남겨놓고 잠들면, 다음 날 얼른 1단원을 마저 끝내고자 교재를 펼치고 자연스럽게 2단원으로 넘어갈 수 있게 된다. 목표는 이루는 맛이 있어야 한다.

아침형 인간이 아니어도 괜찮다

일어나는 시간과 잠드는 시간을 정하는 것은 매우 중요하다. 매일 아침 8시에 일어나는 사람이 6시부터 시작하는 리포트를 쓰는 것만으로 달라질 수 있을까? 두 시간이나 억지로 채우는 오늘 나의 한 일은 의미도 없고 재미도 없다. 평균적으로 8시에 일어난다면 이전 시간은 과감하게 지워버려라. 중요한 것은 당신이 깨어있는 시간을 어떻게 사용하느냐다. 일어나지 못하는 시간은 미련 없이 버려라.

만약 일찍 일어나서 활동하고 싶다면, 일찍 잠들어라. 오전 2시가 넘어서 잠이 들면서 새벽 5시에 일어나야겠다는 다짐은 쓰레기통에나 갖다 버리자. 침대에 누워서 핸드폰을 만지고 있는 시간을 줄이고, 일찍 잠이 들면 그만큼 일찍 일어나게 될 것이다. 나의 수면 시간은 지키면서도 말이다.

✦ 몰입하기
시간의 주도권을 잡아라

데일리 리포트에서 가장 중요한 단계 중 한 단계다. 보통 일반적인 스케줄러에서는 계획을 하고 나면, 그 계획한 일을 했는지 안 했는지를 체크한다. 그런데 데일리 리포트는 단순한 투두리스트가 아니다. 데일리 리포트에는 특정 시간 동안 무슨 일(한 일)을 어느 정도로 했는지(몰입) 꼭 기록한다.

우리는 계획한 것을 그대로 수행하기도 하고, 예기치 못한 상황이나 앞 시간의 일이 길어져서, 혹은 다른 이유들로 계획한 것을 못 하기도 한다. 계획대로 하지 못 해도 괜찮다. 다음 시간이나 다른 리포트에 다시 적으면 된다. 단, 그 시간에 내가 '한 일'과 얼마나 깊게 했는지 '몰입도'를 적는 것이 데일리 리포트의 포인트다.

한 일을 기록하는 진짜 이유와 의미는 3단계인 피드백과 깊은 관련이 있다.

데일리 리포트에 한 일을 기록하면 피드백 단계에서 내가 계획한 것을 계획한 시간 내에 완수했는지, 계획한 시간보다 얼마나 더 적은 혹은 많은 시간이 들었는지 파악할 수 있다. 또, 하루 중에 목표와 관련된 활동을 얼마나 했는지도 파악할 수 있다.

이렇게 한 일을 기록하는 작업은 나의 몰입의 정도를 파악하는 것과 더불어 3단계로 나아가기 위한 아주 중요한 역할을 하므로 반드시 적어보기를 바란다.

어떤 일에 몰입했는가

앞서 데일리 리포트에는 특정 시간 동안 한 일과 몰입도를 기록한다고 했다. 먼저 '한 일'을 어떻게 기록하는지 살펴보자.

몰입도를 피드백하기 위해 한 일을 기록하는 방법은 두 가지다. 첫 번째는 시간에 따라 한 일을 기록하고, 두 번째는 한 일에 따라 시간을 적는 방법이다. 즉, 시간을 먼저 적을지, 한 일을 먼저 적을지 기준을 정해주면 된다.

단순하게 왼쪽 칸에는 할 일을 기록하고, 오른쪽 칸에는 실제로 내가 한 일을 기록하면 된다. '데일리 리포트'라고 하면 사람들이 가장 흔히 떠올리는 형식이다. 내가 계획한 것을 잘 실행했는지 한눈에 알아보기 쉽고(계획대로 못 해도 괜찮다. 다른 칸에 다

1시간에 따라 한 일을 기록하는 방식

시간	할 일	한 일
8:00-9:00		
9:00-10:00		
10:00-11:00		
11:00-12:00		

시 적으면 된다!), 아주 심플하기 때문에 처음 데일리 리포트를 쓰고자 한다면 이 방식을 사용해서 시작하는 것을 추천한다.

나는 이런 방식을 몇 년간 사용해오다가, 방식을 조금 변형을 해서 쓰고 있다. 왜냐하면 한 시간 단위로 한 일을 기록해야 하는데, 한 일이 한 시간씩 딱딱 나누어 떨어지지 않았기 때문이다. 물론 그 시간 중에 과반의 시간을 쓴 일을 적으면 되지만, 점심을 20분 동안 먹기도 하고 자전거를 40분 타기도 하는 경우가 많았다. 기록하기 애매한 경우가 많을수록 통계를 내기 어렵다. 이후에 나오는 '몰입도'가 바뀌는 경우에도 체크하기가 어렵다. 그래서 나는 10분 단위로 표를 나누었다.

10분 단위로 한 일을 기록하는 방식

	할 일	한 일					
		10	20	30	40	50	60
8							
9							
10							

나는 하루 세 번 기록을 하면서 한 일만 10분 단위로 나누어서 적었다. 그랬더니 10분마다 한 번씩 기록하지 않는 이상, 중간

70

중간 10분씩 무엇을 했는지 기억이 휘발되어 없는 경우도 존재했다. 따라서 이 방법을 쓰려면 매시간을 의식하는 훈련이 필요하므로 초보자의 경우에는 기존의 방법대로 하다가, 숙련이 되거나 필요한 경우에는 10분 단위로 기록할 것을 추천한다.

한 일에 따라 시간을 기록하는 방식

	월			화		
	할 일	시간	실제	할 일	시간	실제
국어	1단원	3:00-4:00	3:10-4:00	2단원	3:00-4:30	3:00-4:20
수학						
사회						

이 방식은 한 일의 카테고리를 분명히 나눌 수 있는 시험이나 자격증을 공부할 때, 프로젝트를 진행하는 등 특수한 상황에서 사용할 것을 제안한다. 이렇게 기록하면 한 일에 따른 시간을 한눈에 파악할 수 있어 다음 날에 새로운 계획을 세울 때 유용하다. 또 할 일을 했는지 안 했는지 한눈에 알아보기 쉽고, 그 일이

끝날 때마다 기록하면 되니 데일리 리포트 작성을 습관화하기 좋다. 또 몰입도를 체크할 때, 내가 한 일에 대해 (예-국어를 공부할 때) 몰입도 분석이 가능하며 한 가지의 카테고리에 대한 몰입도의 평균을 기록할 수 있다는 장점이 있다.

몰입을 기록할 기준을 체크해보세요.

☐ 시간 (☐ 10분 ☐ 1시간)　　☐ 한 일

얼마나 몰입했는가

자, 데일리 리포트에 할 일과 한 일을 적었다. 이제부터 내가 이 책에서 가장 강조하고 싶은 아주아주 중요한 부분이다. 계획했던 일이든 아니든, 내가 몰입한 정도를 파악해보자. 그런데 몰입이 무엇일까? 나의 경험을 마음속으로 따라가며 몰입을 이해해보면 좋겠다.

16살 때, 미니어처를 만든 적이 있다. 두꺼운 종이로 집을 하나 만들고 문구점에서 작은 나무판자와 아이스크림 막대기를 구해다가 톱으로 갈아서 미니 화장대와 미니 침대도 만들었다. 화장대의 서랍을 여닫게 하기 위해서 나름대로 계획한 설계도에 맞춰 나무판자를 자르고 사포로 갈아 조립했다.

화장대를 완성한 후에 세 시간 정도 지났으려나, 하고 정신을 차려보니 아홉 시간이나 지나 있었다. 완전히 빠져들어 몰입해버린 것이다. 수업 시간에는 교실 뒤에 걸려 있던 시계만 쳐다보고 있던 내가, 한 시간도 가만히 앉아있지 못했던 내가, 이렇게 정신없이 몰두했다는 것에 스스로 놀랐던 기억이 난다. 16살, 처음 '몰입'을 인지했던 순간이었다.

그 후 고등학교에 진학한 나는 아버지와 종종 부딪혔다. 아버지는 늘 말씀하셨다. "집에서 공부하지 마라! 공부는 학교에서 다 끝내고 오거라. 아니면 일찍 등교해서 공부하든지."

나는 야간 자율 학습을 마치고 아버지께 말씀드렸다. 공부를 하고 싶다고, 더 봐야 할 것이 있다고. 하지만 아버지는 그 시간에 보는 공부는 어차피 안 된다며 잠을 자는 게 최고라고, 곧바로 온 집안의 불을 끄셨다.

다른 집 부모님들은 공부하라고 난리던데, 우리 집 부모님은 내가 공부를 한다고 해도 하지 말라고 하시니 정말 억울하고 미칠 노릇이었다. 결국 아버지의 꺾이지 않는 교육철학에 못 이긴 나는 학교에 있는 시간만을 이용해 공부할 수밖에 없었다.

내가 활용할 수 있는 시간에는 최대한으로 에너지를 끌어올려 공부해야 했다. 나는 다른 친구들과 다르게 학원에서 시켜주는 예습도 못 하니, 학교 수업 시간에 배우는 것만 최대한 다 받아들이자고 생각했다.

하루에 학교에서 진도 나가는 내용만 다섯 번씩 보기로 했다. 아침 자습 시간에 한 번 스스로 예습하고, 수업 시간에 들으면서 배우고, 그 시간이 끝나고 쉬는 시간에 배운 내용을 복습했다. 이해하지 못한 내용은 체크해두었다가 점심 시간에 선생님을 찾아가서 여쭤보았다. 저녁 시간에는 오늘 배웠던 수업 내용을 네 번째로 봤고, 야간자율학습 시간에 마지막으로 복습했다.

그런데 뭔가 이상했다. 모든 과목을 똑같이 다섯 번 공부했는데, 내가 자신 있는 과목과 자신 없는 과목이 생겼다. 성적은 자신 없는 그 과목 때문에 늘 반에서 중간 자리를 맴돌았다. 어떻게 된 일이지? 뭐가 문제지? 그때 내가 만든 미니어처가 떠올랐다. 몰입!

횟수는 똑같아도 내가 열심히 노력한 정도, 빠져들었던 정도가 달랐다. 좋아했던 국어 공부는 친구들한테 설명까지 해가며 나의 열정을 다했는데, 싫어했던 영어 공부는 눈으로 스윽 훑고 넘어가놓고 공부했다며 착각했다.

반면 정말 공부를 잘하는 친구들은 오히려 모르는 문제, 틀리는 문제를 집중적으로 공부했다. 어느새 대학생이 된 나는 못하는 것에 집중하기 시작했다. 모르는 내용을 공부할 때는 종이가 뚫어져라 쳐다봤고, 강의를 들을 때는 교수님의 모든 말을 기록하고 체화하기 위해 나의 모든 신경을 활성화해 열중했다.

어느 날, 도서관에서 공부를 하다가 시간을 보니 기숙사 통금 시간까지 10분밖에 남지 않았다. 얼른 짐을 챙겨서 마구 뛰어가고 있는데 눈앞에 아주 커다란 나무가 바람에 흔들리고 있었다. 바람에 나뭇잎이 흔들리는 소리에 하루의 마지막을 느끼며 눈을 감았다. 그 순간 벅차오르는 짜릿함이 느껴졌다. 바로, 16살의 내가 처음으로 인지한 몰입의 희열감이었다.

사소한 것이어도 좋다. 당신은 몰입해본 적이 있는가? 무언가를 할 때 100%를 다해 열중한 적이 있는가? 원하든 원하지 않든 우리는 모두 몰입을 경험했다. 주차하거나 휴대폰 게임을 할 때 옆 사람의 말이 들리지 않던 순간도, 윷놀이를 할 때 다른 생각을 하지 않고 윷을 던지던 순간도, 이성 친구와 핏대 높여가며 싸우던 그 순간도, 이 책을 읽고 있는 지금 이 순간도 종류만 다를 뿐 모두 몰입이다.

몰입은 늘 우리 일상에 스며들어 있지만 우리가 늘 의식하지 못했다. 하지만 당신은 방금 몰입을 인지했으니 이제 아주 농도 짙은 하루를 보낼 수 있다. 몰입의 순간을 데일리 리포트에 적용만 하면 된다.

다음 중 나에게 해당하는 문장을 체크해보세요.

[몰입한 경우]

- ☐ 에너지를 온전히 쏟고 난 후 오히려 정신이 맑다.
- ☐ 지금 내가 하고 있는 문제만을 오롯이 생각한다.
- ☐ 한 번에 한 가지 일만 한다.
- ☐ 몸과 마음의 회복을 위해 온전히 휴식했다.
- ☐ 누군가를 만났는데 상대와의 대화에 푹 빠졌다.
- ☐ 계획한 바를 완전히 이루었다.

[몰입하지 못한 경우]

- ☐ 행동이 산만하거나 멍하다.
- ☐ 다른 잡생각을 하거나 핸드폰을 만진다.
- ☐ 두 가지 일을 동시에 한다.
- ☐ 휴식을 가장한 게으름을 피웠다.
- ☐ 누군가를 만났는데 자꾸 핸드폰을 만지거나 시선이 분산된다.
- ☐ 계획한 바를 이루지 못했다.

데일리 리포트에 몰입 기록하기

몰입도는 내가 몰입을 많이 했는지, 적게 했는지에 따라서 스스로 단계를 나누어 기록해야 한다. 나는 초보자의 경우 2단계, 조금 익숙해진 경우는 3단계, 나처럼 데일리 리포트를 꾸준히 쓰고 있는 경우에는 5단계까지 추천한다.

먼저 2단계부터 살펴보도록 하자.

☐ 2단계로 나누어 적는 방법

몰입한 경우와 하지 못한 경우로 나누어 작성할 수 있다. 몰입을 많이 했다면 상, ↑, 형광펜으로 색칠하기 등 원하는 대로 표시하면 된다. 몰입을 하지 못했다면 그 반대로, 하, ↓, 색칠하지 않기 등 원하는 대로 표시해준다.

몰입한 경우	몰입하지 못한 경우
상	하
↑	↓
○	×

☐ 3단계로 나누어 적는 방법

3단계는 2단계를 조금 더 세분화하는 것이다. 몰입도를 2단계로 나누어 적다보면, 애매한 경우가 발생한다. 예를 들어 1시간 단위로 몰입도를 평가한다고 했을 때, 30분 정도는 완전히 몰입했고 나머지 30분은 몰입하지 못한 상황이다. 또 몰입을 하긴 했는데, 완전히 하지 못하는 경우도 있다.

예전의 나는 펜글씨 자격증을 취득하기 위해 하루에 세 시간씩 글씨 연습을 했다. 이때 어차피 손만 움직이는 것이니 전화하면서 친구와 수다를 떨기도 했다. 그런데 웬걸, 나의 입과 손은 동시에 움직이지 않았다. 나는 두 가지를 아주 미세하게 0.1초씩 왔다 갔다 하면서 하고 있었다. 이후로 나는 이렇게 애매한 경우는 중간 단계로 나누어서 기록했다.

많이 몰입한 경우	어느 정도 몰입한 경우	몰입하지 못한 경우
3점	2점	1점
상	중	하
▰▰▰	▰▰▰	▰▰▰
A	B	C

☐ 5단계로 나누어 적는 방법

몰입도를 나누는 데 익숙해지면 다섯 단계로 나누어 볼 수 있다.

표시법	완전히 몰입했는가?				
	매우 아니다	아니다	보통이다	그렇다	매우 그렇다
칸 색칠❶	|	||	|||	||||	|||||
숫자 체크❷	1 ✔	2	3	4	5
숫자❸	1	2	3	4	5

시간	할 일	한 일	몰입도				
8:00-9:00❶							
9:00-10:00❷			✔	2	3	4	5
10:00-11:00❸					2		
11:00-12:00❸					4		
12:00-1:00❸					1		

몰입의 단계를 체크해보세요.

☐ 2단계   ☐ 3단계   ☐ 5단계

24시간 동안 몰입도가 온통 100퍼센트일 수는 없다. 하루 중에서 중요한 것에 집중적으로 에너지를 쏟아야 한다.

내가 카페에 가서 작업을 하기로 마음먹은 어느 날이었다. 나는 아침 일찍 일어나 상쾌하게 샤워를 한 다음, 편한 옷도 입고 가방도 챙겼다. 기분은 좋았고 안정적이었다. 그런데 어느 카페에 갈지 30분이나 인터넷을 찾으며 고민하는 바람에, 몰입이 깨지고 막상 자리에 앉으니 작업할 에너지가 남아 있지 않았다. 또 사람의 에너지는 한정되어 있는데 그날따라 일이 많아 몰입은 커녕 집에 가서 쓰러지듯 잠들었다.

어디에 몰입할지는 자기 자신이 선택해야 한다. 이것을 의식하고 있지 않으면 주변의 여러 가지 상황으로, 내가 에너지를 쓰고 싶지 않은 곳에 에너지를 쏟게 된다.

내가 선택해서 내가 하고 싶은 것에 몰두하는 삶. 말만 들어도 가슴이 두근거리지 않는가? 몰입을 시작해보자. 어떤 것을 하고 있을 때, '지금 나는 몰입하고 있나?' 떠올려보자. 지금 당신은 몰입하여 이 책을 읽고 있는가? 여기까지 읽으면서 핸드폰을 보지 않았는가? 보았다고 해도 괜찮다. 오늘부터 총명한 눈빛과 맑은 마음가짐으로 나의 몰입도를 끌어올려 보자. 하루를 마치고 뿌듯하게 잠들 수 있도록.

✦ 피드백하기
숨겨진 나의 시간을 찾아서

우리는 지금껏 하루를 계획하고, 계획한 일에 몰입하고 그 몰입을 기록했다. 만약 여기에서 그치고 다음 날로 넘어간다면 단순히 기록에 지나지 않는다. 투두리스트에 줄을 아주 잘 그었을 뿐이다. 피드백을 하는 것은 외출 전에 신발을 신는 것처럼 데일리 리포트를 완성해가는 의미를 지니고 있다. 기록한 것들을 유의미하게 만들 수 있도록 피드백을 해보자.

피드백을 하면 이러한 장점들이 있다.

첫째, 내가 어느 시간에 높은 몰입도를 발휘하는지 발견할 수 있다. 기본적으로 보통의 사람들은 잠에서 완전히 깬 직후 두 시간 이내에 최상의 집중도를 발휘할 수 있다. 대부분의 사람은 이 시간에 덜 중요한 것을 하면서 시간을 보낸다. 나는 당신이 잠에서 완전히 깬 직후 두 시간 이내에 하루의 가장 중요한 것을 최우선 계획으로 잡을 것을 추천한다.

둘째, 나의 몰입도를 방해하는 요소를 발견할 수 있다. 이 요소를 제거하는 것은 내 목표를 이루는 데 큰 도움이 된다. 가령, 수요일 오후 8~9시를 영어 단어 50개를 외우는 시간으로 계획하였는데 갑작스레 걸려 온 친구의 전화를 받느라 다섯 개밖에 외우지 못한 상황을 생각해보자. 다음부터는 영어 단어 외우는 시간에는 전화를 받지 말자는 규칙을 정해볼 수 있다. 혹은 평일 저녁보다 전화가 걸려올 가능성이 낮은 일요일 9시로 시간을 변경할 수도 있다.

피드백은 다음 네 단계를 거친다. 우리는 이 과정을 통해 데일리 리포트의 모든 활동을 내가 정한 대로 나누어 살펴본다. 그리고 잘한 점과 아쉬운 점을 찾아 다음 날 나의 행동에 반영한다. 조금씩 변화를 거듭하여 나의 기본 행동을 바꾸는 과정이다.

데일리 리포트 작성법을 잘 따라온 것처럼, 피드백 단계 역시 잘 따라와주길 바란다.

피드백의 1단계, 구분하기

피드백의 첫 단계, '구분하기' 단계에서는 우리가 기록한 데일리 리포트의 어느 요소에 중점을 두고 피드백을 할지 정한다. 다시 말해, 하루 동안 계획했던 일의 실행 여부를 전반적으로 평가할지, 하루 동안 실행했던 일의 몰입도를 따라 평가할지 정한다.

피드백의 초점을 '내가 한 일' 혹은 '몰입도' 중 하나를 선택했다면, 어느 쪽이든 한눈에 알아보기 쉽게 시각화를 하는 것이 좋다. 앞으로 나올 구분법 중에서 나에게 맞는 방법 중 하나를 체크해두고 실천하자. 이 과정은 이후의 '자각하기' 단계의 기초가 되는 작업이다.

한 일로 구분하기는 어떻게 할까?

먼저 한 일을 나눌 때는 자신이 하루 중에 가장 많이 하는 것을 크게 생각해서 분류하는 것이 좋다. 예를 들어 나의 하루는 특별한 일이 일어나지 않는 한 보통 다음 다섯 가지 안으로 이루어진다.

1. **루틴**: 아침과 저녁마다 하는 루틴, 식사, 이동 이 세 가지는 통상적으로 시간이 정해져 있어 하나의 카테고리로 설정

하였다.

2. **업무**: 출근 오전 8시 30분, 퇴근 오후 4시 30분~6시 사이다. 수업하는 시간과 업무 시간으로 나뉜다.

3. **친목**: 주말에는 보통 모임이 많다.

4. **자기계발**: 평일 퇴근 후에는 주로 취미 활동을 한다. 운동하는 시간이나 독서하는 시간 등이 여기에 포함된다.

5. **수면**: 잠드는 시간과 일어나는 시간을 체크하기 위해 카테고리로 나누었다.

하루 동안 내가 하는 일을 분류했다면, 다음 세 가지 방법으로 시각화해보자.

□ **한 일을 파이로 구분한다**

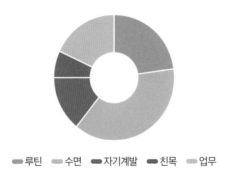

루틴　수면　자기계발　친목　업무

잠을 자는 일을 제외하면 일상적인 일과 업무에 많은 시간을 할애한 것을 알 수 있다. 또한 사교활동보다 개인적인 자기계발 활동에 시간을 썼다.

☐ 한 일을 초성으로 구분한다

시간	할 일	한 일	몰입도	구분
8:00-9:00				ㄹ
9:00-10:00				ㅇ
10:00-11:00				ㅇ
11:00-12:00				ㅇ
12:00-1:00				ㅂ
1:00-2:00				ㅊ
2:00-3:00				ㅇ

카테고리의 앞 글자를 따서 표 옆에 적어 넣었다. 오전 8시부터 오전 9시까지 루틴대로, 오전 9시부터 오후 12시까지 업무를 했다는 걸 알 수 있다.

☐ 한 일을 색깔로 구분한다

	할 일	할 일					
		10	20	30	40	50	60
8							
9							
10							
11							

(⬤루틴 ⬤친목 ⬤일)

예를 보자. 오전 8시부터 오전 8시 40분까지 루틴대로, 오전 8
시 50분부터 오전 9시 50분까지 회사 동료와 친목 시간을 보냈
다. 이후 오후 12시까지 일을 했다는 것을 알 수 있다.

몰입도로 구분하기는 어떻게 할까?

몰입도의 수준별로 (많이 한 정도, 적게 한 정도) 나타내도 좋고, 당
신이 숙련된 작성자라면 시간별로 나타내도 좋다.

☐ 몰입도를 3단계로 구분하고 상/중/하로 나눈다

몰입도	시간
상	14
중	5
하	5

24시간 중 14시간을 몰입에 성공했으며 5시간을 어느 정도 몰입했다. 나머지 5시간은 몰입하지 못했다.

☐ 몰입도를 3단계 혹은 5단계로 구분하고 1~5점으로 나눈다

몰입도	개수
1점	
2점	
3점	
4점	
5점	

몰입도가 가장 낮은 1점짜리부터 가장 높은 5점짜리 몰입도가 몇 개인지 파악하고 총 점수를 매겨봐도 좋다.

□ **몰입도를 3단계 혹은 5단계로 구분하고 파이를 그린다**

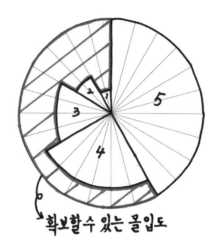

확보할 수 있는 몰입도

시계 모양이지만 시간을 따르지 않는다. 나의 24시간 동안의 몰입 결과다.

오늘 나는 몰입도를 5단계로 나누었다. 파이를 보니 24시간 중 10시간을 몰입에 성공했다(5). 다른 6시간은 조금 아쉽지만 나름 몰입했으며(4), 4시간 정도는 보통의 시간을 보냈다(3). 나머지 4시간은 몰입하지 못했다(2, 1).

이렇게 구분하면 내가 다음에 확보할 수 있는 몰입 시간이 얼마큼인지 파악하기 좋다.

☐ **몰입도를 5단계로 구분하고 그래프를 그린다**

몰입도

0시부터 24시까지 시간별로 몰입도를 체크하여 그래프를 그린다. (엑셀이라면 그래프 자동 생성 기능을 사용하며 간편하고 쉽다.) 이렇게 보면 내가 언제 몰입했고 몰입하지 못했는지 바로 볼 수 있다. 나는 전날 밤부터 아침 7시까지 숙면을 취했으며 11시까지 내가 할 일에 완전히 몰입했다. 점심 시간이 다가오는 12시부터 집중이 분산되었으나 점심을 먹은 뒤 조금씩 몰입을 끌어올려 저녁 8시까지 내가 목표한 일들을 잘해냈다.

하루를 구분해보세요.

-
-
-
-
-

피드백의 기준과 방법을 체크해보세요.

☐ 한 일 (☐ 파이 ☐ 초성 ☐ 색깔)

☐ 몰입도 (☐ 상/중/하 ☐ 점수 ☐ 파이 ☐ 그래프)

피드백의 2단계, 자각하기

이번 단계에서는 구분한 데이터를 자세히 살펴보고, 나의 패턴이나 개선점과 잘한 점을 파악한다. 이런 것들을 살펴보면 좋다.

목표

목표와 관련된 활동을 얼만큼 했는가

목표가 얼마나 측정가능한가

내가 한 일

계획대로 하루를 보냈는가

낭비한 시간은 없는가

내가 어디에 많은 시간을 쓰는가

다음 일주일은 어떻게 보낼 것인가

몰입도

어느 영역에서 얼마나 몰입했는가

언제 몰입도가 오르는가/떨어지는가

무엇이 성공과 아쉬움의 요인인가

성공할 수 있던 요인으로는 주변인의 도움, 동료, 목표의 세분화, 하루의 루틴화, 연습, 내가 자주 가는 장소, 자주 만나는 사람들, 금전이 쓰이는 곳, 영감을 얻은 무언가, 강력한 의지 등이 있을 수 있다.

성공하지 못한 요인으로는 시간의 제약, 공간의 제약, 물질의 제약, 신체적 컨디션 등이 있을 수 있다. 또, 시간을 확보하지 못한 이유나 성공의 반대 요인들이 있었는지 살펴보는 것도 도움이 된다.

못한 부분을 격려하는 것도 반성이지만, 잘한 부분을 칭찬하는 것 역시 반성 안에 포함된다. 데일리 리포트를 피드백하는 기간 동안 내가 한 일이나 몰입도, 목표를 향해가는 과정이 만족스러웠다면 충분히 칭찬해주자.

피드백의 3단계, 적용하기

이제 거의 다 왔다! 앞서 발견한 것들을 바탕으로 실제 생활에 적용해보는 단계다.

달성한 목표는 완수 표시를 해주고 추가로 달성해볼 목표를 정한다. 어떻게 해서 성공했는지 그 요인을 함께 기록하면 좋다.

달성하지 못한 목표는 나의 능력과 상황을 고려하여 재설정하거나 잠시 보류한다. 마찬가지로 달성하지 못한 요인을 기록하여 방해 요인을 제거하고 개선점을 파악하는 게 좋다.

피드백의 4단계, 기본값으로 설정하기

1~3 단계를 반복하다 보면 당신은 어느새 목표를 개선하고, 당신의 생활 습관도 정리될 것이다. 데일리 리포트는 펜글씨 자격증을 따기 전의 내게, 퇴근하고 에너지가 충분히 남아 있음에도 시간을 헛되이 보내고 있다고 말해주었다. 나는 저녁 시간에는 생산적인 활동과 목표를 이루는 활동을 적용하고 싶었다. 이런 피드백 과정을 거쳐 '일을 마친 후에는 무조건 카페에 들러서 글씨 연습을 한다'는 루틴을 하루 일과의 기본값으로 정했다.

피드백의 주기 정하기

피드백의 4단계를 알아보았으니 마지막으로 피드백의 주기를 정해볼 차례다. 자신에게 가장 맞는 방법을 찾아서 기본값으로 설정을 해두자.

☐ 1시간마다 피드백

　　3시부터 4시를 살펴보니, 운동을 하려고 했는데 인터넷 쇼핑을 했다. 쇼핑도 필요한 일이었지만 장소를 이동하면서 해도 되는 거였다. 운동은 저녁 휴식시간에 꼭 하자.

　　데일리 리포트를 자주 꺼내보거나 촘촘한 하루를 보내고 싶은 분들에게 추천드리는 방법이다. 이 방법은 상세하게 피드백을 할 수 있고 일상 생활 중에 바로바로 적용할 수 있다는 장점이 있지만, 데일리 리포트를 작성하는 시간이나 시간별로 피드백을 기록할 공간적 여유가 필요하다는 걸 유의해야 한다.

☐ 하루마다 피드백

　　오늘은 한 일 옆에 내가 한 일의 카테고리를 구분해서 기록해보았다. 루틴, 일, 친목, 보물(취미), 잠으로 나누었다. 그리고 각각에 사용한 시간이 몇 시간인지 세어보았다. 잠 9시간, 루틴 3시간, 일 7시간, 친목 4시간, 자기계발 1시간으로 24시간을 보냈다.

몰입도는 상/하 2단계로 나누어 기록했다. 자는 시간을 제외한 15시간의 몰입도를 세어보니 '상'이 열 번 '하'가 다섯 번이다.

잠을 조금 많이 잤지만 피로가 회복되어서 아침의 몰입도가 좋았다. 언니와 이야기를 나누는 데 하루 중 다소 많은 시간을 할애했지만 좋은 대화를 나눌 수 있어서 뿌듯하다.

지금까지 자기계발 시간이 부족했다. 내일부터 외출 준비를 조금 서둘러야 해도 루틴 시간을 줄이고 독서를 조금 더 해야겠다.

하루의 피드백은 매 시간마다 피드백을 하는 방법과는 다르게 통계를 내고 하루를 분석하는 과정이 들어간다. 초보자에게 추천한다. 5분 정도 시간을 들이면 오늘 한 피드백을 다음 날 바로 적용해볼 수 있다.

☐ 10일마다 피드백

10일째 되는 오늘 저녁, 나는 카페에 앉아 30분 가량 지난 10일 동안 작성한 데일리 리포트를 되돌아본다.

'부모님께 용돈 드리기' '가족과 함께 식사하기'는 잘 이루었다. 이번 달에는 크게 돈이 들어갈 일이 달리 없어서 기쁜 마음으로 부모님께 용돈을 드릴 수 있었다. 아버지와 한 번, 언니와 한 번 식사를 했는데 아주 즐거운 시간이었다. 다음 주에는 어머니와 동생과 식사를 할 것이고, 식사 장소를 미리 찾아놓는 것이 좋겠다.

보물 시간(나는 자기계발 시간을 이렇게 부른다)이 25시간이네. 저번 10일과 비교했을 때 6시간이나 자기계발을 더 했다. 역시 루틴 시간과 핸드폰을 사용하는 시간을 줄이니까 내 시간이 늘어났다.

많이 몰입한 시간은 60%정도, 나머지 40%는 몰입하지 못했네. 특히 전체적으로 밤 시간은 몰입도가 좋지 않았다. 내가 확보할 수 있는 몰입도가 이만큼이나 되다니, 다음 10일은 주변 환경을 정리해서 몰입도를 좀 더 올려야겠다.

데일리 리포트 작성에 어느 정도 익숙해졌거나 이미 데일리

리포트를 잘 사용해온 숙련자에게는 10일마다 피드백해보는 걸 추천한다. 목표, 한 일, 몰입도 순서로 살펴보면 좋다. 목표를 피드백할 때는 나 자신을 칭찬하는 마음으로 목표를 이룰 수 있었던 이유와 다음 주의 계획을 적어넣자.

☐ 한 달마다 피드백

부모님께 용돈을 드렸고 가족과 3회 식사를 했다. 동생을 잘 챙겨주지 못한 것 같아서 다음 번에는 가족 구성원별로 신경 쓸 항목을 따로 적어봐야겠다. 다음 달의 목표는 '업무'이기 때문에, 자기계발 시간을 조금 줄이고 업무 시간을 하루에 두 시간씩 더 배정해서 생활해야겠다. 지난 달에는 휴일이 많이 없어서 시간을 내기 어려웠는데, 다음 달에는 공휴일이 많기 때문에 휴일을 잘 활용해서 프로젝트를 말일까지 제출하는 것으로 목표를 잡아야겠다.

한 달이 지나면 목표를 이루었는지, 이루지 못했다면 그 이유는 무엇인지 간단하게 적어넣고 다음 한 달의 목표를 세운다. 다음 한 달의 목표를 세울 때에는 지난 한 달을 되돌아본 후에 나의 능력과 여건에 알맞게 목표량을 조절할 수 있다.

피드백의 주기를 체크해보세요.

☐ 1시간　　☐ 하루　　☐ 10일　　☐ 한달

자, 당신의 데일리 리포트가 완성되었다.

당신은 시간을 쪼개어 할 일을 계획하고, 각 시간마다 내가 한 일의 몰입의 정도를 체크했다. 일정을 다 소화한 후에 당신의 하루를 되돌아보고, 피드백하여 다음에 반영할 준비가 되었다.

앞서 보여주었던 데일리 리포트를 다시 한번 봐보자. 데일리 리포트를 처음 보았을 때보다 훨씬 눈에 잘 들어올 것이다.

156쪽에서 다룹니다.

색을 칠하거나 그래프로 나타냅니다. 몰입의 정도를 5단계로 나눕니다. 한 일마다 몰입 점수를 매길 수도 있습니다.

1시간을 10분으로 나누어 6칸을 만듭니다. 출근 준비에 30분을, 출근하는 데 30분을 썼습니다. 또한 한 일마다 몰입도를 1점에서 5점까지 기록해두었습니다.

한 일을 초성으로 구분하거나 색을 칠해 시각화합니다.

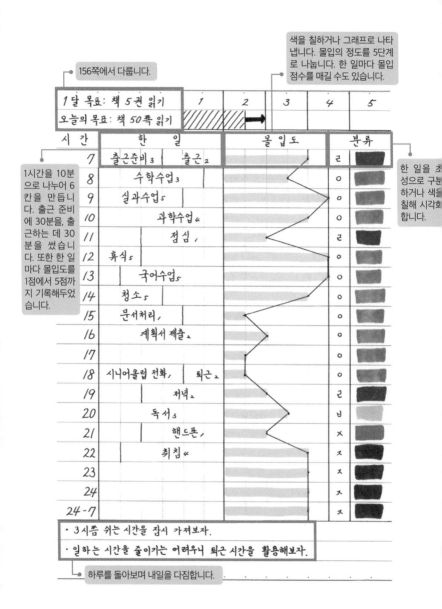

1달 목표: 책 5권 읽기	1	2	3	4	5
오늘의 목표: 책 50쪽 읽기					

시 간	한 일	몰입도	분류
7	출근준비3 출근2		ㄹ
8	수학수업3		ㅇ
9	실과수업5		ㅇ
10	과학수업4		ㅇ
11	점심1		ㄹ
12	휴식5		ㅅ
13	국어수업5		ㅇ
14	청소5		ㅇ
15	문서처리1		ㅇ
16	계획서 제출2		ㅇ
17			ㅇ
18	시니어클럽 전화1 퇴근2		ㅇ
19	저녁2		ㄹ
20	독서3		ㅂ
21	핸드폰1		✕
22	취침4		ㅈ
23			ㅈ
24			ㅈ
24-7			ㅈ

· 3시쯤 쉬는 시간을 잠시 가져보자.

· 일하는 시간을 줄이기는 어려우니 퇴근 시간을 활용해보자.

하루를 돌아보며 내일을 다짐합니다.

102

◆ 체크리스트와 함께 보는 데일리 리포트

지금까지 다양한 양식을 만들 수 있는 데일리 리포트의 모든 요소를 살펴보았다. 마지막으로 각 요소끼리 더해지면 어떤 모습의 데일리 리포트가 나올지 예시를 준비했다. 한눈에 파악하기는 어렵겠지만 찬찬히 살펴보고 하나씩 사용해보면 당신도 분명 자기에게 가장 편한 리포트를 만들 수 있다.

1. 한 장의 데일리 리포트에 기록할 일수를 체크해보세요.

☑ 하루　☐ 일주일 이상

2. 데일리 리포트를 작성할 타이밍을 체크해보세요.

☐ 1시간마다　☐ 일정이 끝날 때마다　☐ 자기 전

3. 데일리 리포트를 무엇으로 쓸지 체크해보세요.

☑ 노트/스케줄러　☐ 제본　☐ 엑셀　☐ 필기 앱

4. 몰입을 기록할 기준을 체크해보세요.

☑ 시간 (☐ 10분 ☑ 1시간)　☐ 한 일

5. 몰입도의 단계를 체크해보세요.

☐ 2단계　☐ 3단계　☑ 5단계

6. 피드백의 기준과 방법을 체크해보세요.

☐ 한 일 (☐ 파이 ☐ 초성 ☐ 색깔)
☑ 몰입도 (☐ 상/중/하 ☐ 점수 ☐ 파이 ☑ 그래프)

7. 피드백의 주기를 체크해보세요.

☐ 1시간　☑ 하루　☐ 10일　☐ 한 달

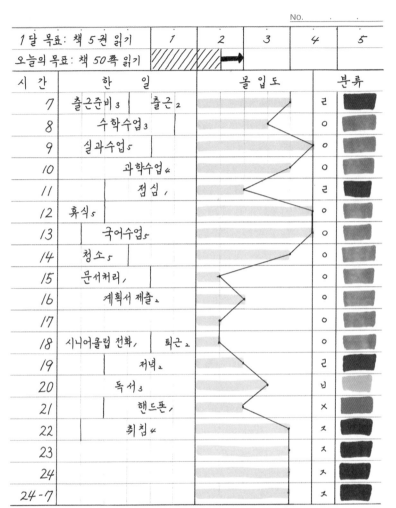

1달 목표: 책 5권 읽기	1	2	3	4	5
오늘의 목표: 책 50쪽 읽기	////	→			

시간	한 일	몰입도	분류
7	출근준비3 출근2		ㄹ
8	수학수업3		○
9	실과수업5		○
10	과학수업4		○
11	점심1		ㄹ
12	휴식5		○
13	국어수업5		○
14	청소5		○
15	문서처리1		○
16	계획서 제출2		○
17			○
18	시니어클럽 전화1 퇴근2		○
19	저녁2		ㄹ
20	독서3		ㅂ
21	핸드폰1		×
22	취침4		ㅈ
23			ㅈ
24			ㅈ
24-7			ㅈ

- 3시쯤 쉬는 시간을 잠시 가져보자.
- 일하는 시간을 줄이기는 어려우니 퇴근 시간을 활용해보자.

1. 한 장의 데일리 리포트에 기록할 일수를 체크해보세요.

☑ 하루　☐ 일주일 이상

2. 데일리 리포트를 작성할 타이밍을 체크해보세요.

☐ 1시간마다　☐ 일정이 끝날 때마다　☑ 자기 전

3. 데일리 리포트를 무엇으로 쓸지 체크해보세요.

☐ 노트/스케줄러　☑ 제본　☐ 엑셀　☐ 필기 앱

4. 몰입을 기록할 기준을 체크해보세요.

☐ 시간 (☐ 10분 ☐ 1시간)　☑ 한 일

5. 몰입도의 단계를 체크해보세요.

☑ 2단계　☐ 3단계　☐ 5단계

6. 피드백의 기준과 방법을 체크해보세요.

☐ 한 일 (☐ 파이 ☐ 초성 ☐ 색깔)
☐ 몰입도 (☐ 상/중/하 ☐ 점수 ☐ 파이 ☐ 그래프)

7. 피드백의 주기를 체크해보세요.

☐ 1시간　☐ 하루　☐ 10일　☐ 한 달

1시간을 10분으로 나누었습니다. 몰입도를 2단계로 나누고 몰입한 시간의 칸에는 색을 칠했습니다. 한 일과 몰입에 대해 자세한 피드백이 없는 리포트입니다. 데일리 리포트 입문자라면 이렇게 간단한 리포트를 작성하는 연습부터 해보세요.

MEETING RECORD 개선방향: 학생중심 함께배움수업
✱ 교실수업
✱ 화, 수, 목 교장선생님 출장, 대결
✱ 학급비 10월 마지막 주 제출 (이번주 중결제)

SCHEDULE
3교시 문가현 →

TASKS
수업

개학식 8:50	O
학생 출석 현황 파악	O
방학 숙제 검사	O
교실 청소 (실내화 검사)	O
방학 나눔	O
교과서 배부	O
학교폭력 예방 교육	O
교직원 다모임 15:30	O
알림장 ① 중학교 안내 ② 교통봉사 안내	O
9월 '한다면 한다' 인성덕목 실천 (점직)	→
③ 담임과 함께하는 5분 안전교육	O
주간학습안내 → 학급 홈페이지	→
고무나무 → 이오형 주무관님	→
Wee-class 청소	X
연수신청 16:00~ 선착순	X

TIMETABLE

TOTAL TIME

8H40M

15H30M

FEEDBACK
비가 와서 아침이 더뎠다. 아이들과는 생각보다
서먹서먹했다. 내가 멍하고 기운이 없으면 아이들도
그렇다. 해야할 일들 다 해낸 아이들이 대견하다.
부끄럽지 않은 선생님이 되고싶다. 노력과 열정 잊지말자.

수면 시간을 제외한 하루의 시간 중 몇 시간을 몰입했는지 간단히 기록합니다.

1. 한 장의 데일리 리포트에 기록할 일수를 체크해보세요.

☑ 하루　☐ 일주일 이상

2. 데일리 리포트를 작성할 타이밍을 체크해보세요.

☐ 1시간마다　☑ 일정이 끝날 때마다　☐ 자기 전

3. 데일리 리포트를 무엇으로 쓸지 체크해보세요.

☑ 노트/스케줄러　☐ 제본　☐ 엑셀　☐ 필기 앱

4. 몰입을 기록할 기준을 체크해보세요.

☐ 시간 (☐ 10분 ☐ 1시간)　☑ 한 일

5. 몰입도의 단계를 체크해보세요.

☑ 2단계　☐ 3단계　☐ 5단계

6. 피드백의 기준과 방법을 체크해보세요.

☐ 한 일 (☐ 파이 ☐ 초성 ☐ 색깔)
☐ 몰입도 (☐ 상/중/하 ☐ 점수 ☐ 파이 ☐ 그래프)

7. 피드백의 주기를 체크해보세요.

☐ 1시간　☐ 하루　☐ 10일　☐ 한 달

날짜	2020/08/04	디데이	D-96					
과목	목표	시간	타임테이블					
국어	모의고사 1회 60′	60′	7					
	모의고사 풀이 60′ →	80′	8					
	문법 인강 120′ →	90′	9					
	복습 30′ →	20′	10					
수학	모의고사 1회 60′	60′	11					
	모의고사 풀이 60′ →	100′	12					
사회	아웃풋 1회 20′	20′	1					
	아웃풋 틀린 문제 10′ →	5′	2					
과학	어제 틀린 문제 다시보기10′ →	20′	3					
	3단원 요점정리 30′	30′	4					
	4단원 인강 100′ →	80′	5					
			6					
			7					
			8					
			9					
			10					
			11					
ALT	(실제 공부한 시간) 8h	40m	12					

1시간을 10분으로 나누었습니다. 몰입도를 2단계로 나누고 몰입한 시간의 칸에는 색을 칠했습니다. 한 일과 몰입도에 대해 자세한 피드백이 없는 리포트입니다. 데일리 리포트 입문자라면 이렇게 간단한 리포트를 작성하는 연습부터 해보세요.

1. 한 장의 데일리 리포트에 기록할 일수를 체크해보세요.

☐ 하루   ☑ 일주일 이상

2. 데일리 리포트를 작성할 타이밍을 체크해보세요.

☑ 1시간마다   ☐ 일정이 끝날 때마다   ☐ 자기 전

3. 데일리 리포트를 무엇으로 쓸지 체크해보세요.

☑ 노트/스케줄러   ☐ 제본   ☐ 엑셀   ☐ 필기 앱

4. 몰입을 기록할 기준을 체크해보세요.

☑ 시간 (☐ 10분 ☑ 1시간)   ☐ 한 일

5. 몰입도의 단계를 체크해보세요.

☑ 2단계   ☐ 3단계   ☐ 5단계

6. 피드백의 기준과 방법을 체크해보세요.

☐ 한 일 (☐ 파이 ☐ 초성 ☐ 색깔)
☐ 몰입도 (☐ 상/중/하 ☐ 점수 ☐ 파이 ☐ 그래프)

7. 피드백의 주기를 체크해보세요.

☐ 1시간   ☐ 하루   ☐ 10일   ☐ 한 달

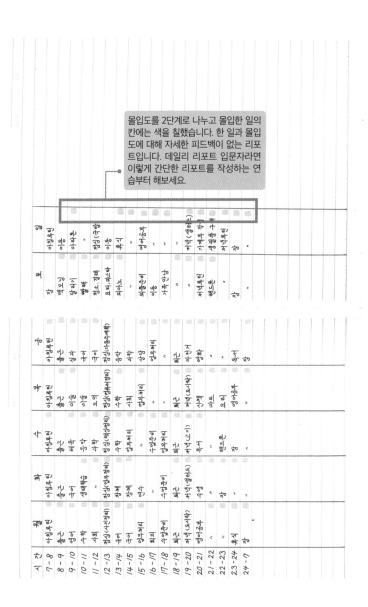

몰입도를 2단계로 나누고 몰입한 일의 칸에는 색을 칠했습니다. 한 일과 몰입도에 대해 자세한 피드백이 없는 리포트입니다. 데일리 리포트 입문자라면 이렇게 간단한 리포트를 작성하는 연습부터 해보세요.

1. 한 장의 데일리 리포트에 기록할 일수를 체크해보세요.

☐ 하루   ☑ 일주일 이상

2. 데일리 리포트를 작성할 타이밍을 체크해보세요.

☐ 1시간마다   ☑ 일정이 끝날 때마다   ☐ 자기 전

3. 데일리 리포트를 무엇으로 쓸지 체크해보세요.

☑ 노트/스케줄러   ☐ 제본   ☐ 엑셀   ☐ 필기 앱

4. 몰입을 기록할 기준을 체크해보세요.

☐ 시간 (☐ 10분 ☐ 1시간)   ☑ 한 일

5. 몰입도의 단계를 체크해보세요.

☐ 2단계   ☑ 3단계   ☐ 5단계

6. 피드백의 기준과 방법을 체크해보세요.

☑ 한 일 (☐ 파이 ☐ 초성 ☐ 색깔)
☐ 몰입도 (☐ 상/중/하 ☐ 점수 ☐ 파이 ☐ 그래프)

7. 피드백의 주기를 체크해보세요.

☐ 1시간   ☐ 하루   ☑ 10일   ☐ 한 달

< 여행 계획을 세우자 >

기간	첫 번째 10일 (1~10일)			두 번째 10일 (11~20일)			세 번째 10일 (21~31일)		
목표	항공권 예매하기			숙박 예약하기			숙소 정하기		
날짜	**1일 (토)** 할 일	한 일	만족도	**11일 (화)** 할 일	한 일	만족도	**21일 (금)** 할 일	한 일	만족도
7	청소	아침식사	중	아침루틴	아침루틴	상	아침루틴	아침루틴	상
8	아침루틴	청소	상	독서, 청소	독서	상	독서, 수영연습	독서, 수영연습	상
9	아침식사	아침루틴	상	강의	강의	상	과학(대학원)	과학(대학원)	상
10	이동	이동	하	강의	강의	상	강의	강의	중
11	강의	강의	중	수학	수학	상	마음	마음	상
12	청강신사	청강신사	중	사회, 과학	사회, 과학	상	수학	수학	상
1	독서	독서	중	과학	과학	상	사회	사회	상
2	여행계획	청강계획	상	청강	청강	중	청강	청강	상
3	여행계획	여행계획	중	과학	과학	하	사회	사회	상
4	이동	독서활동수업	중	기초화학	기초화학	중	여행수업 블로그트	여행수업 블로그트	상
5	이동(여행과건강운동)	기초화학	중	수학평가	수학평가	중	산답	산답	상
6	커피시사, 진료	수학평가	중	퇴근, 커피	주간학습안내	중	주간학습안내	주간학습안내	중
7	휴식	퇴근, 커피	중	운동	뇌서활동계획	하	퇴근, 커피	퇴근, 커피	상
8	운동	운동	중	여행계획	운동	하	운동	운동	중
9	보충	여행계획	중	여행계획	여행계획	중	여행계획(1)	여행계획(1)	중
10	커피루틴	여행계획	중	커피루틴	커피루틴	상	여행계획(2)	여행계획(2)	중
11	휴식	휴식	하	휴식	휴식	하	휴식	휴식	중
12	″	″	중	″	″	″	″	″	상
1	″	″	″	″	″	″	″	″	″
2	″	″	″	″	″	중	″	″	″
3	″	″	″	″	″	″	″	″	″
4	″	″	″	″	″	″	″	″	″
5	″	″	″	″	″	″	″	″	″
6	″	″	″	″	″	″	″	″	″
7	″	″	″	″	″	″	″	″	″
	장소, 기간, 가격 마다 회료 (날짜/시간 필요).			초가근무로 못함.			2일차 캐서까지 완료.		

10일마다 목표를 이루었는지 아닌지 간략히 피드백했습니다.

1. 한 장의 데일리 리포트에 기록할 일수를 체크해보세요.

☑ 하루　☐ 일주일 이상

2. 데일리 리포트를 작성할 타이밍을 체크해보세요.

☑ 1시간마다　☐ 일정이 끝날 때마다　☐ 자기 전

3. 데일리 리포트를 무엇으로 쓸지 체크해보세요.

☑ 노트/스케줄러　☐ 제본　☐ 엑셀　☐ 필기 앱

4. 몰입을 기록할 기준을 체크해보세요.

☑ 시간 (☐ 10분　☑ 1시간)　☐ 한 일

5. 몰입도의 단계를 체크해보세요.

☐ 2단계　☑ 3단계　☐ 5단계

6. 피드백의 기준과 방법을 체크해보세요.

☐ 한 일 (☐ 파이　☐ 초성　☐ 색깔)
☑ 몰입도 (☐ 상/중/하　☑ 점수　☐ 파이　☐ 그래프)

7. 피드백의 주기를 체크해보세요.

☑ 1시간　☑ 하루　☐ 10일　☐ 한 달

156쪽에서 다룹니다.

| 1년 목표: 책 60권 읽기 | 1달 목표: 책 5권 읽기 |
| 10일 목표: 책 2권 읽기 | 오늘의 목표: 책 50쪽 읽기 |

시간	할 일	한 일	분류	몰입도			피드백
7	출근	→○	루틴			3	
8	수학수업	○	일			3	
9	실과수업	○	일			3	
10	과학수업 (과학실)	○	일			3	
11		○			2		
12	점심	점심, 휴식	루틴			3	피로 회복
13	국어수업	○	일			3	
14		국어수업, 청소				3	
15	시니어클럽 전화	문서처리 (보고완료)	일	1			담당자 부재
16	문서처리 (보고)	계획서 제출	일		2		
17	계획서 제출 (3/29)				2		
18	퇴근 시니어 전화	시니어클럽 전화	일	1			
19	운동	퇴근, 저녁	루틴	1			게으름
20	저녁	독서	목표		2		
21	독서	핸드폰	×	1			SNS
22	취침	취침	잠			3	
23							
24							
24-7				4	8	24	총점 36/48

못 한 일은 다른 시간에 다시 적어주면 됩니다.

1시간마다 계획한 일을 하지 못한 이유나 좋았던 점을 피드백합니다.

몰입도를 3단계로 나누어 1점에서 3점까지 점수를 매깁니다. 각 점수를 더해 오늘 하루 몰입도의 총점을 냅니다.

바쁜 하루였지만 책 70쪽을 읽어 뿌듯하다.
내일은 아침을 먹고, 운동도 꼭 하자!

물	3ℓ	아침	×
운동	30m	점심	비빔밥
독서	70p	저녁	김치찌개

하루를 피드백할 때 식단과 목표량을 적을 수도 있습니다.

1. 한 장의 데일리 리포트에 기록할 일수를 체크해보세요.

☑ 하루 ☐ 일주일 이상

2. 데일리 리포트를 작성할 타이밍을 체크해보세요.

☐ 1시간마다 ☑ 일정이 끝날 때마다 ☐ 자기 전

3. 데일리 리포트를 무엇으로 쓸지 체크해보세요.

☐ 노트/스케줄러 ☑ 제본 ☐ 엑셀 ☐ 필기 앱

4. 몰입을 기록할 기준을 체크해보세요.

☑ 시간 (☐ 10분 ☑ 1시간) ☐ 한 일

5. 몰입도의 단계를 체크해보세요.

☐ 2단계 ☐ 3단계 ☑ 5단계

6. 피드백의 기준과 방법을 체크해보세요.

☑ 한 일 (☑ 파이 ☑ 초성 ☐ 색깔)
☑ 몰입도 (☐ 상/중/하 ☐ 점수 ☑ 파이 ☐ 그래프)

7. 피드백의 주기를 체크해보세요.

☐ 1시간 ☑ 하루 ☐ 10일 ☐ 한 달

	할 일	한 일	아침	얼그레이 밀크티	1
액자 꿈	건강한 나		아침	얼그레이 밀크티	1
퍼즐 목표	새로운 곳에서 적응잘 하기		점심	만두	
1월의 목표	있었던 곳 정리 잘 하기		저녁	삼겹살, 새우 피자	25
10일 목표	학년말 마무리(사진, 편지)		건강	×	

	할 일	한 일	분류	에너지(%)
8:00-9:00	출근, 업무	출근	ㄹ	
9:00-10:00	회의	회의, 수다	ㅇ ㅊ	
10:00-11:00	성적	수다, 성적	ㅊ ㅇ	
11:00-12:00	성적	성적	ㅇ	
12:00-1:00	점심	영상 편집	ㅂ	
1:00-2:00	선거 기안	콜메산저, 선거	ㅇ	
2:00-3:00	졸결, 추안안내	〃, 방송	ㅇ	
3:00-4:00	방송, 연말정산	성적, 선거기안안내	ㅇ	
4:00-5:00	(지원서)사인, 퇴근	사인, 퇴근	ㅇ	
5:00-6:00	친구들	보일러 수리	ㄹ	
6:00-7:00	운전들		ㄹ	
7:00-8:00		친구들	ㅊ	
8:00-9:00				
9:00-10:00	청령슬리건, 독서			
10:00-11:00	취침 준비			
11:00-12:00	잠			
12:00-8:00		전화		
		취침준비	ㄹ	
		잠	ㄹ	

2월 중순 운영위원회	안전 계획안	안건 2/1 까지	제출	생기부 점검
자율연수강비	아까워하지 말고 일찍 잠들자 !!			

24시간 중 수면 시간을 제외한 17시간의 몰입도를 확인합니다. 5점짜리 몰입을 10번, 4점짜리 몰입을 2번, 3점짜리 몰입을 1번, 나머지 1~2점짜리 몰입을 4번 했음을 보여줍니다. 빗금 영역은 내가 몰입할 수 있었는데 그렇지 못한 시간입니다. '내일은 이 빗금 영역을 줄여보자!' 다짐할 수 있습니다.

24시간을 무슨 일을 하며 보냈는지 각각의 파이를 확인합니다. 수면을 제외하면 일을 하고 친목하는 데 가장 많은 시간을 썼습니다.

1. 한 장의 데일리 리포트에 기록할 일수를 체크해보세요.

☑ 하루 ☐ 일주일 이상

2. 데일리 리포트를 작성할 타이밍을 체크해보세요.

☐ 1시간마다 ☑ 일정이 끝날 때마다 ☐ 자기 전

3. 데일리 리포트를 무엇으로 쓸지 체크해보세요.

☐ 노트/스케줄러 ☐ 제본 ☑ 엑셀 ☐ 필기 앱

4. 몰입을 기록할 기준을 체크해보세요.

☑ 시간 (☑ 10분 ☑ 1시간) ☐ 한 일

5. 몰입도의 단계를 체크해보세요.

☐ 2단계 ☐ 3단계 ☑ 5단계

6. 피드백의 기준과 방법을 체크해보세요.

☑ 한 일 (☑ 파이 ☐ 초성 ☑ 색깔)
☑ 몰입도 (☐ 상/중/하 ☑ 점수 ☐ 파이 ☐ 그래프)

7. 피드백의 주기를 체크해보세요.

☐ 1시간 ☑ 하루 ☐ 10일 ☐ 한 달

한 일 + 분류	표시	개수
루틴	1	18
자기계발	2	12
사교	3	3
직장	4	48
잠	5	54

한 일 + 분류

■1 ■2 ■3 ■4 ■5

몰입도	개수
1	2
2	3
3	3
4	5
5	3

목표	토스트
1년 목표	잔재
이달 목표	고등어조림
10일 목표	콩
오늘의 목표	

아침	
점심	
저녁	
물	밥
운동	운동

시간	한 일	한 일 + 분류					몰입도	이유(피드백)	내일의 할 일
7:00-8:00	1	1	1	4	4	4	5		
8:00-9:00	4	4	4	4	4	4	4		
9:00-10:00	4	4	4	4	4	4	4		
10:00-11:00	4	4	4	4	4	4	4		
11:00-12:00	4	4	4	4	4	4	5		
12:00-13:00	1	1	1	1	1	1	1		
13:00-14:00	4	4	4	4	4	4	2		
14:00-15:00	4	4	4	4	4	4	3		
15:00-16:00	4	4	4	4	4	4	2		
16:00-17:00	4	4	4	4	4	4	1		
17:00-18:00	4	1	4	4	4	4	3		
18:00-19:00	1	1	3	3	3	3	4		
19:00-20:00	1	1	2	2	2	2	3		오늘을 되돌아보며…
20:00-21:00	2	2	2	2	2	2	5		
21:00-22:00	2	2	2	1	1	1	4		
22:00-23:00	5	2	1	5	5	5	2		
23:00-24:00	5	5	5	5	5	5			
24:00-7:00	5	5	5	5	5	5			

◆ 데일리 리포트 연말 결산

당신은 연말, 연초에 무엇을 하는가? 많은 사람이 일몰을 보며 한 해를 정리하고, 일출을 보며 새로운 다짐과 함께 한 해를 시작한다. 그런데 이 다짐들은 얼마 못 가 쉬이 사라지곤 한다. 이때 한 가지만 바꾸어도 놀라운 변화들이 생긴다. 바로 연말 결산이다.

나는 매년 12월 31일, 한 해의 마지막 밤을 내 방에서 나만의 방식으로 특별하게 보낸다. 1년간 쓴 데일리 리포트를 바탕으로 체계적으로 지난 한 해를 정리하고 새로운 한 해를 맞이한다. 이렇게 하면 목표를 넘어 꿈이 어떻게 이루어지고 있는지 한눈에 보인다.

먼저, 내가 이룬 것을 적어보았다.

주제	전년도 목표	달성한 것
글쓰기	한글, 영어, 한자 글씨 연습, 자서전, 공모전	펜글씨 자격증 2급 취득 자서전 30페이지 작성
악기	피아노, 오카리나, 칼림바	피아노 - \<summer\>, \<비창\> 칼림바 - 새로 구매해서 연습. 피아노와 콜라보로 연주 가능.
공부	독서, 영어	독서에 흥미 없던 내가 매주 서점에 가서 책 사고 카페 가서 책 읽는 취미가 생겼음.
아트	카메라, 미술	필름 카메라. 폴라로이드카메라, 삼성카메라, 삼각대 구매. 이젤, 빵모자, 캔버스, 나무 팔레트, 물감, 앞치마, 토시로 내 방에 나만의 작은 드로잉 공간을 만듦.
기타	레시피북, 운동, 금주	손님들에게 요리 대접, 주말에 장 봐와서 혼자 요리도 많이 해 먹음. 블로그에 꾸준히 기록. 100일 금주 성공. 첫 3개월 G.X로 요가 필라테스와 근력운동을 배웠고, 그 뒤로는 헬스 끊어서 꾸준히 운동.

다음은 내가 이루지 못한 것을 살펴본다. 여기서 중요한 점은, 왜 이루지 못했는지 그 이유를 적는다.

주제	이유 분석
글쓰기	한자 글씨 연습 - 2급에 그치고 말아서 다소 실망하였다. '내년에도 도전할 수 있으니'라는 생각으로 미루는 바람에 평소에 연습하지 않았다. 자서전 - 내 삶을 돌아보기는 했으나 시간별로 삶을 깊이 있게 들여다보지 못했다. 자서전을 쓰는 시간을 확보하지 못했던 것이 가장 큰 실패 요인이라고 생각한다. 공모전 - 급하지도 중요하지도 않고, 어느 순간 하고 싶다는 마음이 크게 줄어 투두리스트에서 거의 꼴찌로 밀려나 있었다.
악기	피아노 - 연습을 매일 해야 했는데, 피아노를 방치해두고 있었다. 피아노는 밤 9시가 넘으면 연주하지 못하기 때문에 시간과 공간의 제약이 컸다. 오카리나 - 악기를 먼저 구매했어야 하는데 인터넷에서 정보를 알아보고 주문하기를 어려워하는 부족한 점으로 인해 시도조차 하지 못했다. 얼마 전 읽은 책들은 이렇게 말했다. "그냥 하는 것이 절대적이다." 만약 생각하지 않고 그냥 악기 구매하는 것부터 먼저 했다면, 완벽한 소리와 가성비와 디자인을 고려하지 않고 무작정 시작부터 했다면, 이 목표는 달성했을 것이다.
공부	영어 - 막막하고, 어디서부터 시작해야 할지 몰라 헤맸다. 아직도 모르겠다. 단어부터 외워야 하나? 회화 모임에 들어갈까? 영어 과외를 받는 것이 좋을까? 자막 없이 영화?
아트	카메라 - 촬영을 거의 못 했다. 카메라가 이상하기도 했고, 책상 위에는 가림막을 한 채 마스크 쓴 아이들이 예쁘게 나오지 않았기 때문이다. 이건 핑계겠지? 카메라를 부지런히 들고 다니지 않았다. 귀찮음이 낳은 결과다. 아이패드 루마퓨전을 구매해서 동영상을 멋지게 촬영하고 싶었는데 가격 문제로 보류하였다.

이렇게 분석한 것을 바탕으로 다시 한번 재정비된 목표를 세운다. 목표를 재정비하며 카테고리도 새롭게 분류해보았다.

주제	목표	실천사항
건강	물	하루에 물 500ml 이상을 마신다.
	운동	이상적인 인바디 검사 결과를 만든다.
	정서	무슨 일이 있든 나의 정신적 건강을 최우선으로 한다.
	금주	한 달에 2회 이하
취미	악기	일주일에 한 번 이상, 1시간 이상 연습한다. (일요일 아침 활용)
	카메라	영상 5개 만들기, 계절별 같은 장소에서 같은 사진을 찍는다.
	미술	작품 5개 이상 제작한다.
	영어	연수를 듣는 것부터 시작한다.
글쓰기	글씨	펜글씨 1급 자격증을 획득한다.
	독서	한 달에 분야별 한 권 이상의 책을 읽는다. (한국 십진 분류표에 따라 철학, 종교, 사회과학, 자연과학, 기술과학, 예술, 언어, 문학, 역사)
	블로그	200개 이상 포스팅한다.
	글쓰기	일주일에 세 시간 이상 글쓰기를 한다. (주로 토요일 아침, 일정에 따라 변경될 수 있음.)

	미라클 모닝	일주일에 3회 이상 저녁 9시 이전 취침해서 아침 6시 이전에 일어난다.
생활 습관	학교	출근 시간 30분 전에 출근한다. 하루 30분 이상 교재를 연구한다.
	데일리 리포트	하루의 플랜을 세워 행동한다. 데일리 리포트를 작성하여 몰입도를 끌어올린다.
	돈	한 달에 10만 원 이상은 오로지 나를 위해 사용한다. (생활에 꼭 필요한 것 제외)

목표를 적어 보면 지난 날의 내가 어떠했든, 내 앞길이 희망차고 좋은 일로 가득할 것 같은 기분이 든다. 한 해를 돌아보며 나를 아끼며 지켜봐 준 모든 분께 감사한 마음도 든다. 다가올 한 해에는 주변 사람을 더 잘 챙기며, 내가 가르치는 아이들에게도 무한한 따뜻함과 사랑을, 몸의 건강과 마음의 평화를 제일 우선으로 힘쓰기로 다짐하게 된다.

계획하고, 분석하고, 새로운 계획을 짜는 메커니즘은 성공할 수밖에 없다. 리스트를 채우는 데 욕심부리지 않아도 된다. 분야별로 한두 가지씩 달성하고 분야도 조금씩 늘려가보자. 나도 하나의 습관이 자리 잡은 후에 한 가지씩 늘려왔다. 그리고 이것들은, 다시 그대로 올해 연말 결산에서 측정되고 분석될 것이다.

✦　자주 묻는
　　질문과 답변

Q1. 계획대로 하긴 하는데, 몰입도가 떨어져서 걱정이에요.

A1. 네, 그 기분 잘 압니다. 저 역시 '하루를 이렇게 보내고 있다 니!' 괴로운 적도 많습니다. 실망하지 마세요. 몰입도가 최악 인 날에는 펜을 내려놓으세요. 나의 컨디션을 한번 돌아보 는 거예요. 우리는 시간을 효율적으로 쓰고 싶은 거지, 시간 에 끌려가고 싶은 게 아니니까요. 하루 혹은 이틀 정도 목표 를 재정비하는 휴식 기간을 가져보세요. 모든 것을 리셋하 고 다시 시작하는 겁니다.

Q2. 휴식을 해도 몰입이 떨어져요. 몰입은 어떻게 잘할 수 있을 까요?

A2. 가장 먼저 몰입하고 싶은 이유를 생각해보세요. 그리고 일을 시작합니다. 이때 모든 준비물을 확인해보세요. 도중에 찾느라 흐름이 끊기 않도록 말이에요. 내가 알고 있거나 하기 쉬운 것, 혹은 하다가 완성하지 못한 것부터 해보세요.

환경도 중요합니다. 주변을 항상 깨끗하게 정리하세요. 배가 부른 상태보다는 약간 출출한 상태가 좋고, 가사가 없는 잔잔한 노래나 템포가 일정한 음악, 백색 소음을 들으면 좋습니다. 잡념이 들면 산책을 하거나 그 잡념을 종이에 쓰면서 해소하세요. 할 일을 게임처럼 생각하고 레벨업을 위한 미션 완수라고 생각해보세요. 몰입하는 내 모습을 촬영해 자기 모습을 객관화하는 것도 좋습니다.

Q3. 데일리 리포트를 쓸 시간이 없어요.

A3. 실행과 몰입도만 적어도 충분합니다. 어제 데일리 리포트를 쓰지 못했다고 해도 괜찮습니다. 과감하게 넘어가세요. 오히려 기억나지 않는 어제의 일을 생각해내는 것이 더 비효율적입니다. 다만, 데일리 리포트를 쓰지 못했던 원인을 분석해서 기록하는 일은 꼭 필요하죠. 간단하게라도 좋으니 쓰지 못한 이유를 적어보세요.

Q4. 시간 강박이 생겨서 쉽게 쉬거나 놀지를 못하겠어요. 어쩌면 좋을까요?

A4. 하루 목표를 내 역량의 80퍼센트로 잡거나 몰입도를 확인하고 내가 오늘 한 일을 분류하는 시간을 줄여보세요.

2부

목표를 세우고
이루는 방법

✦

이 모든 게 뻔한 이야기라고 생각하는가? 그럴 수 있다.
아니, 당연하다. 뻔해보이는 데는 이유가 있다.
스포츠스타나 대단한 사람들만 꿈을 이루는 게 아니라,
누구나 이룰 수 있기 때문이다.
지금 이 책을 읽고 있는 당신의 이야기다.

✦ 고민하는
당신에게

지금까지 데일리 리포트를 작성해야 하는 이유와 함께 데일리 리포트의 계획-몰입-피드백 단계를 알아보았다.

계획 단계에서는 목표를 세분화하여 기록하고, 시간대별로 계획을 세운다는 것을 짚었다. 몰입 단계에서는 실제로 자신이 어떤 일을 했는지와 얼마나 몰입해서 했는지를 기록하는 방법을, 피드백 단계에서는 앞선 단계에서 기록한 것들을 구분하고 긍정적인 면과 개선할 점을 자각하는 방법을 살펴보았다. 그런 다음 새롭게 필요한 점은 다시 1단계인 계획 단계에 반영하고 새로운 하루를 시작해보기로 했다.

이 과정을 여러 번 거치다 보면, 다시 말해서 데일리 리포트를 꾸준히 작성하다 보면 하루의 흐름이 정돈된다. 그 과정에서 당신은 자기의 시간을 쏙쏙 뽑을 수 있고, 쳇바퀴처럼 흘러가는 하루 대신 알차고 생산적인 하루를 보낼 수 있게 된다.

목적 없는 알찬 하루는 그 자체만으로도 의미가 있지만, 목적을 가지게 된다면 부스터를 단 자동차처럼 앞으로 나아갈 수 있다. 목적지를 모른 채 열심히 걸어가는 것보다 목적지를 알고 가는 것이 더 의미 있다.

그럼 당신은 이런 고민이 들 수 있다. '나는 뭘 해야 하지?' '나의 목표는 뭐지?' '내가 이루고자 하는 건 뭘까?' 또 이런 고민을 할 수 있다. '데일리 리포트에 적는다고 목표가 저절로 이루어지는 것도 아닐 텐데, 어떻게 하면 좋지?' 그런 당신을 위해, 이제 데일리 리포트를 존재하도록 만드는, 데일리 리포트가 마침내 온전해질 목표에 대해 이야기해보려 한다.

✦ 꿈의 비밀

사람들은 모두 다른 삶을 살아간다. 모두 원하는 것이 다르다. 사랑, 돈, 일, 꿈, 게임, 여행, 술, 담배, 독서, 예술, 자식, 음식, 종교, 게으름, 완벽, 운동, 행복, 권력, 명예... 당신은 어떤 삶을 살고 싶은가?

최근에 나는 존경받아 마땅할 분을 만났다. 세계 최연소 사막 마라톤 그랜드슬램 달성, 탐험대 탐사대장, 엄홍길 대장님과 히말라야 등반, 무인도 탐험대 운영 등을 하시는 분이었다. 어린 나이에 사막과 남극을 가고 싶다는 열정 하나로 걸어 나간 그 분의 삶이 궁금해졌다. 하지만 도전과 열정이라는 느낌은 같아도 내가 살고 싶은 삶은 아니었다.

나는 늘 궁금했다. '그럼 나라는 사람이 살고 싶은 삶은 도대

체 뭐지?' '사람은 왜 살지?' 10년 동안 만났던 사람에게 항상 물어보았다. 왜 사느냐고. 사람들의 대답은 이런 것들이었다. "죽지 못해서" "죽을 용기가 없어서" "태어났으니까" "재미있어서" "이루고 싶은 게 있어서" "가만히 있으면 살아져서"

사람은 죽는다. 아무리 가지려고 하던 것을 다 가지고 애쓰며 살아도, 결국에는 죽는다. 이렇게 생각하면 허무주의에 빠질 수도 있다. "살아서 뭐 해?" "해 봤자 뭐해?" 그런데 인간이라는 존재는 너무나도 신기해서, 행복을 느끼는 순간 죽기 싫어진다. 이 순간을 즐기고, 누리고 싶어 한다. 원하는 것을 이루면 성취감을 느낀다. 어차피 죽으면 쓸모없는 것들이라도 말이다.

시간은 과거에서 미래로 흐르지 않고 그저 존재하듯, 행복을 느끼는 그 순간 인류는 과거나 미래를 생각하지 않고 그저 존재하며 그 삶에 충실하다.

그렇다면 나는 어떻게, 어떤 사람으로 존재해야 할까?

나는 인생의 어떤 방향을 정해야, 하루하루를 어떻게 살아갈지, 누구를 위해 살 건지, 무엇을 하며 살 건지 그려질 것만 같았다. 내 가슴속에는 무엇이 뛰고 있을까? 막연히 생각하던 '나는 누구일까'가 아닌, 구체적으로 나라는 사람을 들여다보기 시작했다.

나는 고등학생 때 좋은 대학에 가는 것이 목표였고, 대학에 가니 취직을 하는 것이 목표였다. 취직하고 나니 혼란스러웠다. "이제 뭘 해야 하지?" 문득 남들이 말하는 꿈을 좇았다는 생각이 들었다. 그래서 내 진짜 꿈을 찾고 싶었다. 이루고 나서도 허망해지지 않는, 특별하고 의미 있는 나만의 꿈을.

꿈에 대해 설명하는 수많은 글과, 꿈을 이룬 수많은 사례가 있음에도 불구하고 꿈이 없는 사람이 있다. 아마 진정으로 하고 싶은 것이 없는 게 아니라, 내가 나를 몰라서 그럴 수도 있고, 제약이 많은 까닭에 미리 포기했거나, 혹은 추진력이 부족해서 어느새 잊혀졌을 수도 있다.

'직업을 적어서 내라고?' '이런 꿈은 어떨까. 에이, 내가? 공부도 못하는데' '말도 안 돼' '부모님이 원하시는 건 이게 아닌데' '사회적인 시선을 봐.'

이런 생각들로 인해 고이 접어두었던 종이가 있을 것이다. 마음 깊은 곳에 간직하고 있는 빛바랜 종이를 찾아 다시 펼쳐보자.

✦ 꿈을 찾아주는 벤다이어그램

zone of genius

조금만 주변에 주의를 기울이면 하고 싶은 것도 없고, 목표를 어떻게 정해야 할지 모르는 사람이 많았다. 가장 가까운 나의 친구들은 "요즘에는 무엇을 해야할지 잘 모르겠어" 혹은 "내가 잘 할 수 있는 게 뭔지도 모르겠고, 잘하는 것과 좋아하는 것 사이에서 뭘 선택해야 할지도 모르겠어"라고 고민을 털어놓곤 했다.

나는 우연히 유튜브 채널 〈코스모지나〉를 보고 고민을 해결할 방법을 찾았다. 바로 '존 오브 지니어스Zone of Genius'를 작성하는 것이다. 이 방법은 로라 가넷Laura Garnett의 저서 《Find your Zone of Genius》에서 다룬 내용으로, 열정, 기술, 재능, 가치라는 네 가지 영역을 벤다이어그램으로 만들고 교집합을 찾도록 돕는 자기 분석 툴이다. 여기서 교집합이 바로 나의 꿈과 목표다.

답답한 마음에 무작정 따라해보았던 이 방법이 내게 신의 한 수였다. 마음속에 마구 돌아다니던 하고 싶은 것들을 찾을 수 있었고, 평소에 내가 지루해하던 것들에서도 재능을 발휘할 수 있는 기회를 찾을 수 있었다. 나 자신에 대해서 더 알 수 있고 목표를 보다 더 쉽게 찾을 수 있는 '존 오브 지니어스'를 꼭 적어보길 권한다. 한번 살펴보자.

Zone of Genius

Passions 열정
- 내 생각을 쓰는 것
- 계획을 세우고 실행하기
- 다양한 사람들과 만나 대화하기
- 자전거를 타는 것
- 미니어처 만들기
- 서점에서 책을 고르는 것
- 경치가 좋은 카페에 가는 것
- 보드게임

Talents 재능
- 손재주
- 읽는 것
- 머릿속에서 체계를 세우는 것
- 말하는 것
- 호기심, 상상력
- 독창적인 것

SWEET
- 다른 사람에게 도움이 될 만한 책을 쓰거나 강의를 하는 것
  (시간 관리, 글씨, 교육, 보드게임, 공부법, 미니어처, 에세이 등)
- 아이들과 의미 있는 수업(프로젝트, 대회 참가 등)을 하는 것
- Skill 영역을 길러서 배우고 성장하는 삶을 사는 것

SPOT

Skills 기술
- 교육학
- 암기하는 방법
- 바른 글씨 쓰기
- 김치찌개 맛있게 끓이는 법
- 시간 관리 방법
- 엑셀 함수

Values 가치
- 누군가에게 도움이 되는 것
- 아름답고 깨끗한 환경
- 이상적인 세상
- 행복한 가정을 꾸리는 것
- 여러 분야에 전문성을 가지는 것
- 의미있는 일, 성취감을 느끼는 것
- 안정적인 삶 속에서 새로운 경험

열정 Passions

누가 시키지 않아도 재미있게 할 수 있는 분야를 말한다. 거창하지 않아도 좋다. 자기가 평소 좋아하는 것을 적으면 된다. 누군가는 나도 모르게 밤새 해도 질리지 않고 무료하지 않은 행위라고 표현했다. 상세하게 상황을 설정하면 좋다.

나는 다음과 같은 것들을 적어보았다.

미니어처 만들기

다이어리 만들기

내 생각을 쓰는 것, 필사

계획 세우기

주어진 과제를 수행하기

자전거 타기

사람들과 대화하기

서점에 가는 것

카페에 가는 것

기술Skills

태어나서 후천적으로 습득해서 배운 것을 의미한다. 내 기술력이 전 세계 인구 중에서 상위 30% 안에 든다고 생각하면 된다. 누군가는 '30퍼센트 안에 들어야 한다고? 내가 가진 능력은 남들도 다 가진 것 아닌가?'라고 생각할 수 있지만 절대 그렇지 않다! 사람은 하나라도 잘하는 분야가 꼭 있다.

　나는 다음과 같은 것들을 적어보았다.

　교육학

　암기력

　글씨 쓰기

　김치찌개 끓이기

재능 Talents

타고난 것을 의미한다. 사람은 자기 자신을 과소평가하는 경향이 있기 때문에 주변에 물어보는 것도 한 방법이 될 수 있다. 우리는 '재능'이 있다면 '결과'를 만들어냈을 거라고, 그것이 진정한 재능이라고 생각하는데, 꼭 그렇지는 않다.

나는 다음과 같은 것들을 적어보았다.

읽고 말하는 능력
호기심
창의력
손재주
논리력
집중력
끈기

가치 Values

인생에서 가장 중요하다고 생각하는 요소다. 참고로 돈은 인생의 가치가 될 수 없다. 돈은 무엇인가를 이루기 위한 수단일 뿐이다. 당신이 가지고 있는 삶의 목적과 이루고 싶은 일을 생각해보자. 어렵지 않다. 내가 무엇을 할 때 행복감을 느끼는지 생각해보자. 무엇을 했을 때 살아있다고 느꼈고, 혹은 사람들이 나를 어떻게 기억했으면 좋겠는지 생각해보면 도움이 된다. (나는 묘비명까지도 생각했다.)

나는 다음과 같은 것들을 적어보았다.

결혼, 가정, 육아

재미, 새로운 경험

아름다운 집, 인테리어

전문성, 성취감

의미 있는 것, 누군가에게 도움이 되는 것

예쁜 소품들 모으기

스윗 스팟Sweet Spot

네 가지를 모두 적었다면, 교집합이 생기는 중심 영역을 잘 살펴보자. 이 부분이 바로 '스윗 스팟'이다.

예를 들어 나는 사람들과 대화하는 데 열정적이고 교육학이라는 기술과 말하기에 대한 재능을 가지고 있으며 누군가에게 도움을 주는 삶을 가치 있게 생각한다. 그리고 현재 나의 직업은 초등학교 선생님이며 꽤 행복하다. '스윗 스팟'에 가까운 삶을 살면 살수록 삶에 대한 만족도는 올라가고, 멀어질수록 만족도는 떨어진다.

'스윗 스팟'을 살펴보면 내가 어떤 사람인지 파악할 수 있다. 어떤 사람들과 어울리고 싶은지, 세상에 어떤 것을 내놓고 싶은지, 어떤 행위를 좋아하는지, 어떤 라이프 스타일대로 남은 인생을 살아가고 싶은지 말이다. 결국 우리는 모두 서로 다른 구슬들을 가지고 있는데, 그걸 어떤 색과 패턴으로 꿸지는 바로 내가 정해야 한다.

한 번에 많은 것을 꿰려고 하면 어렵다. 한 번에 하나씩 해보

자. 특히 즐거운 것을 먼저 하면 더욱 좋다. 만약 당신이 그림 그리기에 열정이 있다면 그림을 그리기만 해도 충분하다. 여기에 드로잉 기술을 배운다면 디지털 드로잉을 해 볼 수 있다. 관찰력이라는 재능이 있다면 주변에서 본 것이나 경험한 것을 그림으로 그리고, 다른 사람이 내 것을 인정해 줄 때 가치를 느낀다면 여러 사람들이 볼 수 있는 소셜미디어에 꾸준히 올려볼 수도 있다.

네 가지 모두 겹치지 않고 두세 가지만 겹쳐도 좋다. 예를 들어 열정과 가치는 있지만 기술과 재능이 없다면 어떨까?

나는 언젠가 자전거로 제주도를 한 바퀴 종주하고 싶다. 자전거 타기를 열심히 연습하여 기술을 익혀서 스윗 스팟을 채울 것이다. 나는 새로운 경험에 높은 가치를 두고, 내게 자전거를 타겠다는 의욕이 충만하기 때문이다.

열정과 재능, 기술, 가치가 없는 사람은 없다. 단지 발견하지 못했거나, 잘못 알고 있을 확률이 높다. 특히 나의 가치는 쉽게 떠오르지 않을 것이다. 오래 생각해보는 시간을 가져도 좋고, 나를 사랑하고 객관적으로 볼 수 있는 사람에게 물어보고 참고해도 좋다. 어떤 식으로든 자기 자신을 있는 그대로 정확히 보는 연습을 해야 한다. 내 감정이 어떻게 변하는지, 나는 어떤 것에 의해서 움직이는지 말이다. 남이 보는 내가 아니라 진짜 나다운 나를 찾게 되면 나를 둘러싼 많은 것이 변하게 된다.

나는 '스윗 스팟'을 찾으면서 글을 써야겠다는 생각을 했고, 머릿속에만 있던 이 책을 세상에 낼 수 있게 되었다. 열정, 재능, 기술, 가치가 결합된 영역을 찾았을 때, 비로소 나는 미로 속에서 길을 안내해주는 빛나는 다이아몬드를 발견한 것만 같았다. 막연하게 내가 가지고 있는 것을 느끼는 것과 적어 보는 것은 천지 차이이다. 적는다는 행위는 보이지 않는 정신 세계가 보이는 물질 세계로 나오는 첫 걸음이다.

✦ 눈앞에 펼쳐진 꿈
드림보드

꿈은 써야만 이루어진다

당신은 당신이 잘할 수 있고, 행복하게 살 수 있는 영역을 찾았다. 무엇을 해야 할지 알았다면 실행으로 옮길 차례다. 드림보드는 실행하는 데 가장 큰 도움을 준다. 나의 생각을 내 눈으로 볼 수 있기 때문이다. 말 그대로 내 눈앞에 꿈을 펼쳐보는 거다.

다음은 20여 년 전 9살이던 내가 '먼 훗날 나의 모습 적기'를 학교 숙제로 썼던 일기다. 띄어쓰기는 이해해주길 바란다.

1. 나는 화가가 되어 어린아이들과 친구들에게 멋진 풍경(그림)을

그려 줄 것이다.

2. 나는 좋은엄마가 되어 애기에게 섬집아기를 들려 줄 것이다.

3. 나는 좋은 딸이 되어 엄마에게 돈을 줄 것이다.

4. 맨날 놀러다닐 것 이다.

5. 불쌍한 사람을 도와줄 것이다.

6. 강아지를 키울것 이다.

7. 피아노, 미술, 초등학교선생님이 될 것이다.

8. 머리를 길를 것이다.

9. 돈을 많이 벌 것이다.

10. 나는 착하고 예쁘고 아름다운 사람이 될 것이다.

과연 내가 몇 개나 이루었을까? 그저 학교 숙제니까 생각해보았고 막연하게 이 꿈들을 종이에 적었지만(대신 남들보다 구체적으로 적었다), 진심으로 바라며 마음속에 새겨 놓았더니 나도 모르게 다 이루어 가고 있다.

초등학교 선생님이 되어서 우리 반 아이들에게 칠판에 예쁜 그림을 그려줄 때나 부모님께 용돈이나 선물을 드릴 때마다 흐뭇한 마음이 든다. 스무 살 때부터 지금까지 아이를 현명하게 기르는 법을 공부하며 좋은 가정을 꿈꾸고 있다.

그런데, 먼 훗 날 내가 바라는 나의 모습 중에서 '착하고 예쁘고 아름다운 사람'은 이루기 어려웠다. 어떤 모습을 착하고 예쁘고 아름답다고 말할 수 있을지 알 수 없었기 때문이다. 우리 반 아이가 내게 써준 쪽지에 그 답이 있을지도 모르겠다. 띄어쓰기는 이해해주길 바란다.

> 안녕하세요. 선생님, 저 예나에요.
> 선생님을 처음 만난 날 3월 2일은 저에게 정말 소중했어요.
> 이렇게 멋진 선생님과 빛나는 친구들이 제가 있는 4학년 2반이라고 생각 하니 정말 꿈만 같았어요. 처음에는 조금 낯설기도 했지만 이제는 적응을 잘 하고 있어요. 그리고 저는 선생님을 정말 예쁘고, 아름답고 아주 매력적인 선생님이 라고 생각해요. 사랑해요!

어려운 꿈들은 아니었지만, 과연 내가 이 꿈들을 적지 않았다면, 바라지 않았다면, 내가 꿈을 이룰 수 있었을까? 나는 강박적으로 꿈꾸며 살지 않았다. 단, 나의 바람이 마음속에서 사라지지 않도록 의미를 만들었다.

이렇게 드림보드로 만드는 순간 나의 바람은 실현이라는 의미를 가지게 된다. 바꿔 말해, 의미를 가진 것들은 실현될 가능성이 굉장히 높아진다. 당신이 드림보드를 만들어야 하는 이유다. 당신이 막연하게 바라던 것들이 있다면 그 중에서 몇 가지를 정해 드림보드를 만들어보라. 그 과정에서 당신의 꿈은 조금 더 명확해질 것이다.

나는 누구나 자기에게 주어진 무엇이든 완성하고자 하는 열망이 있다고 믿는다. 하고 싶은 것을 보는 순간 우리는 스스로 알든 모르든 조금씩 그것을 이루기 위한 모습으로 살아갈 가능성이 크다. 바라는 것은 적는 순간 이루어지기 시작한다.

이 모든 게 뻔한 이야기라고 생각하는가? 그럴 수 있다. 아니, 당연하다. 뻔해보이는 데는 이유가 있다. 스포츠스타나 대단한 사람들만 꿈을 이루는 게 아니라, 누구나 이룰 수 있기 때문이다. 꿈을 이루는 이야기는 지금 이 책을 읽고 있는 당신의 이야기다.

만드는 방법

1. 인터넷에서 원하는 이미지를 찾는다. 이미지들의 천국인 핀터레스트를 추천한다.

2. 이미지 전부를 한 면에 9장이 인쇄되도록 인쇄 설정을 맞추고 인쇄한다.

3. 이미지를 붙일 배경을 고른다. 커다란 색지도 좋고, 코르크판도 좋고, 노트도 좋다. 창가나 침대 옆, 방문에 붙여두고 매일 볼 수 있는 것으로 정한다.

4. 사진들을 분류해서 배치한다. 나는 크게 가족과 관련된 것, 취미, 아주 먼 미래, 내가 살고 싶은 공간, 어릴 때부터 간직해온 로망 등으로 나누었다.

5. 매일 드림보드를 보면서 꿈을 그린다. 어떤 삶을 살 것인지 상세하고 구체적으로 그릴수록 좋다.

6. 쟁취한 것은 나만의 기호로 표시한다. 진행형인 꿈과 새로운 꿈으로 드림보드를 다양하게, 마음껏 만들어간다.

드림보드를 만들 때 떠올려보세요.

가고 싶은 곳, 갖고 싶은 것, 되고 싶은 것, 배우고 싶은 것, 하고 싶은 것, 연주하고 싶은 것, 만나보고 싶은 사람, 먹고 싶은 것, 읽고 싶은 것, 보고 싶은 것, 쓰고 싶은 것, 찍고 싶은 것, 만들고 싶은 것...

드림보드를 무엇으로 채우고 싶나요?

드림보드가 현실이 되는 단 하나의 방법

사람은 상황, 육체, 감정, 의지가 항상 굴곡지다. '지금 당장 뉴욕으로 떠나고 싶어!'라고 마음이 활활 불타오르다가도, 하루 이틀이 지나면 시들해지곤 한다. 그래서 항상 내 안에 있는 나에게 이야기해줘야 한다. "난 이걸 하고 싶어. 언젠가는 해낼 거야."

다른 사람에게 선언하면 더 좋다. 물론 처음에는 걱정이 든다. '큰소리 뻥뻥 쳐놓고 안 되면 어떡하지?' 그러나 두려움으로 시작조차 하지 않는 것보다는 비난을 받더라도 신경 쓰지 않고 밀고 나가는 힘이 필요하다.

나는 한때 술을 자주 마셨다. 어느 순간부터 술은 백해무익하다는 생각이 들어, 건강한 몸과 마음을 위해 금주를 결심했다. 친구들이 술자리를 권하면 슬그머니 빠질 핑계를 궁리했다. 하지만 나의 비장함은 처참히 쓰러졌다. 친구들은 오늘만 마시자며 나를 부추겼고, 끝끝내 나는 분위기와 유혹을 참지 못하고 술잔을 들어버렸다. 잔뜩 만취한 채 귀가하던 나는 나 자신에게 화가 났다. 내가 이 정도로 자제력과 단호함이 없던 사람이었나? 아니, 어쩌면 내가 문제가 아니라 나를 존중해주지 않는 친구들의 문제인가?

무엇이 맞는 말이건, 이대로 무너지기는 싫었다. 그래서 sns에 글을 올렸다. 금주하겠노라! 선포한 것이다. 그런데 엄지로 쓱 쓸어올려 버리면 그만인 그 글이 놀라운 변화를 가져다주었다. 스스로 내 말을 지키고 싶은 마음이 생긴 것은 물론, 친구들이 먼저 "너는 금주를 하니까 술을 마시러 가지 말고 다른 재미난 것을 하러 갈까?"라고 제안해주었다. "나도 사실은 술을 그만 마시고 싶어"라고 말하기도 했다. 또 내 결심이 해이해질 때쯤, 잘하고 있냐는 메시지를 보내며 응원해주고 격려해주는 이들도 있었다. 생각해보면 나도 내 친구가 꿈을 이루려 하면 응원을 할 것이고, 이루지 못했다면 비난보다 위로를 먼저 건넬 것이다. 큰 소리치며 선언하자.

000	총류	500	기술과학
100	철학	600	예술
200	종교	700	언어
300	사회과학	800	문학
400	자연과학	900	역사

✦ 죽기 전에 오로라를 볼 수 있을까?

목표 계단

큰 꿈은 누구에게나 막연하게 느껴진다. 너무 멀리 보면, 시작조차 엄두가 나지 않는다. 여기 계단이 하나 있다고 생각해보자. 계단 네 개를 한 번에 오르기는 불가능하다. 하지만 한 계단을 네 번 나눠서 올라가는 건 쉽다. 그렇다, 우리는 당연하게 한 번에 한 계단씩 오르며 생활한다. 꿈을 이룰 때도 마찬가지라는 사실을 잊지 말자.

앞서 찾았던 나의 스윗 스팟을 토대로 목표 계단을 밟아보자.

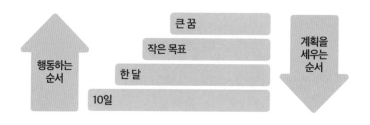

우선 마지막 계단을 크고 추상적이고 두루뭉술한 꿈으로 정한다. 그리고 한 칸씩 내려올수록 꿈을 상세하게 다듬는다. 즉 계단을 내려가는 방향으로 계획을 세우고 계단을 올라가는 방향으로 행동한다. 사람마다 꿈의 크고 작은 정도는 모두 다르겠지만, 구체적인 목표는 1~3년 안에 달성할 수 있는 것, 측정할 수 있는 것으로 잡는 것이 좋다. 아직은 참 막연하다. 이것을 세분화해보자.

작은 목표를 이루기 위해 할 수 있는 일을 몇 가지 생각해보자. 한 달 안에 이룰 수 있도록 실천 가능한 정도로 잡는 것을 추천한다. 예상치 못한 여러 상황이 있을 수 있으므로 자신의 일정에 맞게 정하자. 한 달의 목표를 각자 상황에 따라 세 부분으로 나누면 계단이 완성된다. 계단은 작고 높을수록 좋다. 계획을 잘 세분했다는 뜻이다.

큰 꿈: 오로라 보기

작은 목표: 3년 안에 오로라 보러 가기
(여행비 마련을 위한 통장 개설)

한 달: 오로라에 관한 정보 파악하기
(지역, 비용, 이동수단)

10일: 오로라를 볼 수 있는 지역 찾아보기

예를 들어 나에게는 '오로라 보기'라는 큰 꿈이 있다.

계단을 내려가보자. '3년 안에 오로라 보러가기'를 작은 목표로 계획한다. 오로라에 관한 정보가 필요하니 한 달 동안 알아보기로 한다. 정보를 세 부분으로 나누어보자면 첫째, 오로라를 볼수 있는 지역이 어디일까? 둘째, 돈은 얼마나 들까? 마지막, 어떻게 갈까? 정도가 된다.

이제 꿈을 향해 계단을 오르면 된다. 나는 오늘부터 10일 안에 오로라를 볼 수 있는 지역이 어디인지 찾아보리라 다짐한다.

오랜 꿈이자 동경의 대상이었던 오로라, 이제 내 손으로 잡을 듯, 충분히 할 수 있는 일로 여겨진다. 이 모든 건 내가 데일리 리포트와 드림보드와 목표 계단의 힘을 믿었기 때문이다.

드림보드에 오로라 사진을 인쇄해서 붙였다. 그리고 누군가 너의 꿈이 무엇이냐 물었을 때, 오로라를 보러 가고 싶다고 선언했다. 그러자 누군가는 선물로 오로라에 관한 정보가 담긴 책을 선물해주었고, 누군가는 같이 가자며 구체적인 날짜를 제안해주었다.

데일리 리포트에 나의 계획으로 '오로라를 볼 수 있는 지역 검색하기'를 적었고 방대한 인터넷의 바다에서 부유하지 않고 정보를 찾았다(몰입). 계단을 착실하게 잘 오르고 있는지, 주저 앉아버리진 않았는지 나를 계속 되돌아보았다(피드백).

나는 아직 오로라를 보러 가지 못했다. 그러나, 앞으로 3년 안에 오로라를 꼭 볼 수 있으리라 믿는다.

3부

더 나은 내일을 위한
더 세세한 관리법

◆

'월화수목금토일'이 아닌,
'월화수목그으음토오오이이이이알'로
와닿을 수밖에 없다.

✦   시간 관리법

체화와 루틴

"사, 오?"라고 대뜸 물으면 "20"이라는 답이 떠오른다. 우리는 원래부터 이 답을 바로 알았을까? 처음에는 네 손가락을 다섯 번 더해보면서 곱셈을 익혔을 것이고, 구구단을 차례대로 외워보면서 곱셈을 점차 익혀 나갔을 것이다.

　이것을 조금 어려운 말로 '체화'라고 한다. 이 단어는 조금 생소해서 처음 들어볼 수 있는데, '생각, 사상, 이론 따위가 몸에 배어서 자기 것이 됨'이라는 뜻이다. '익힌다'와 비슷하게 쓰일 수 있지만 체화는 익히는 것에서 더 나아가 완전히 자기의 것이 된다는 뜻을 내포하고 있다.

2021년, 나는 1학년 담임을 맡았다. 입학식 날 아이들은 다급히 교무실의 나를 찾아왔다. "선생님! 책상에 구멍이 나 있어요!" 덩달아 나까지 황급히 교실로 가 확인해보니, 아이들은 교과서와 필기구를 넣어둘 수 있는 책상의 서랍을 보고 구멍이라고 말했던 거였다. 이 정도로 모르는 게 많다니, 앞으로의 1년이 많이 걱정되었다.

3월 한 달 동안은 아주 기본적인 것들을 가르쳤다. 연필 잡는 법, 젓가락 쓰는 법, 화장실을 깨끗하게 사용하는 법, 수업 시간 규칙들까지 가르쳐주었다. 아이들은 딱 일주일 만에 익숙해졌다. 1학년을 마칠 때쯤에는 내가 잠시 자리를 비워도 교실이 자연스럽게 잘 돌아가는 것을 느낄 수 있었다.

체화를 하는 방법은 간단하다. 자주 해보는 것이다. 어려우면 자주 못 하니까, 매일 할 수 있도록 쉽거나 간단한 걸로 한 가지만 정해두면 좋다. 예를 들어서, 나는 자세가 좋지 않아 자세를 바로 하고 싶었다. 하지만 잘 잊어버리게 되어서 실천이 쉽지 않았다. 그래서 매일 쓰는 데일리 리포트를 쓸 때만큼은 자세를 바로 하자며 다짐했다.(이전보다 훨씬 더 나아졌다.)

즉, 루틴을 정하는 것이다. 당신은 방학이나 주말에 늦잠을 자려고 했는데, 평소 일어나던 시간에 눈이 떠진 경험이 있을 것이다. 이는 내 몸이 일어나던 시간에 익숙해져 있기 때문이다. 매일 일찍 일어나는 루틴을 체화하면 체화가 되었기에 루틴대로 행동하는 선순환이 일어난다.

매일 루틴대로 지내는 일에 익숙하지 않다면 일주일 루틴을 먼저 만들어보라. 특정 요일에 특정 행동을 하는 거다.

예를 들어, 나는 주말에는 꼭 글쓰기 시간을 가지기로 마음먹었다. 그리고 토요일과 일요일 중 토요일에, 오전과 오후 중 오전에 글을 쓰기로 정한다. 그럼 '토요일 아침에는 세 시간 동안 글쓰기를 한다'라는 일주일 루틴이 만들어진다. 이처럼 월요일 아침에는 꼭 무언가를 한다든지, 금요일 오후에는 다음 일주일 계획을 세운다 식으로 루틴을 만들 수 있다.

장기간 동안 꼭 해야 할 행동을 정해볼 수도 있다. 한 달마다, 계절마다, 1년마다 나와의 약속을 한다.

'12월에는 꼭 데일리 리포트 연말 결산을 하겠다'고 1년 루틴을 정하면, 1월부터 11월까지는 신경쓰지 않아도 된다. 기억하는가? 목표는 이루는 맛이 있어야 한다. 12월에 딱 한 번만 해도 루틴을 지킬 수 있다. 또, '봄에는 마라톤 대회를 참가한다'는 루틴을 정하면 3월에서 5월 중에 이루면 된다. 어떤가, 훨씬 부담이 덜하지 않는가?

계절 루틴에서 한 달 루틴으로, 한 달 루틴에서 일주일 루틴으로 생활하다 보면 당신은 저절로 하루 루틴을 체화할 수 있다.

나는 금요일 밤은 늘 주말이 시작되는 것 같아서 늦게 자던 습관이 있었다. 그러다보니 주말을 항상 피곤하게 보내는 것 같아 '금요일 저녁에는 10시 30분 전에 잠들기'라는 일주일 루틴을 하나 설정했다. 일주일에 한 번만 실천하면 되니 그다지 어렵지 않았고, 성공과 실패를 반복하다가 3개월 정도 지나니 금요일 밤에 일찍 잠들 수 있었다. 이 생활에 익숙해진 뒤로는 약속 없는 토요일 저녁에는 독서하고 독서노트를 쓰는 독서 루틴을 정했다. 이런 방식을 반복하다보니 하루 루틴, 즉 매일 저녁에 독서하고 일찍 잠드는 것이 체화되어 있었다. 하루 루틴은 이렇게 큰 가닥을 잡고 세부적인 것을 맞추는 방식으로 해나가면 수월하게 할 수 있다.

하루 루틴이 익숙해지면 더 구체적인 나만의 행동 루틴을 정해볼 차례다. 나는 이걸 '부분 루틴'이라고 부른다. '피부 기초 화장품 바르는 순서' '청소하는 순서' '영양제 먹는 순서' 등 모두 부분 루틴에 해당한다.

이런 것들이 너무 사소해보이기도 하고 귀찮게 느껴질 수는 있지만, 일단 한 번 정해두고 나면 앞으로의 시간은 내 편이 된다. 일의 효율도 높아진다.

루틴과 체화는 바쁜 당신의 일상에 일을 하나 더 얹어주는 것이 아니다. 오히려 당신의 일을 덜어주며 당신에게 시간을 선물한다.

다시, 구구단을 생각해보자. 누군가 "사, 오?"라고 물었을 때 당신이 구구단을 모른다면 20초 동안 네 손가락을 다섯 번씩 접어가며 더해야 한다. 하지만 구구단을 체화하면 0.2초만에 "20!" 하고 답할 수 있다. 당신은 19.8초의 시간을 잡은 셈이다. 그 시간에 당신이 하고 싶은 일을 하라.

처음에는 계속하는 것이 힘들어도 노력과 시간이 축적되면 어느 순간 변화가 일어나고, 머지않아 당신이 원하는 것은 당신을 구성하는 한 요소가 될 수 있을 것이다.

주말 활용법

학창 시절 방학과 주말은 나에게 언제나 내가 게을러지는 시간이었다. 시간이 많다고 느낄수록 여유로워졌기 때문이었다. 금, 토, 일 주말 3일보다 평일 하루에 한 일이 압도적으로 많을 때도 있었다. 이렇게 시간을 보내고 나면 뭔가 찜찜하고, 낭비한 것만 같아서 기분이 안 좋았다. 어떡해야 주말을 잘 보낼 수 있을까?

첫 번째는 제어 장치를 만드는 것이다. 아침에 꼭 해야 하는 일이 있으면 힘들고 귀찮더라도 일어나게 된다. 아침 수영이나 학원, 아침 일찍부터 독서 모임 등이 있을 것이다.

두 번째는 데일리 리포트를 활용하는 것이다. 우리는 '토요일'을 생각하면, 아침부터 밤까지의 하루를 떠올리기 마련이다. 그런데 데일리 리포트를 작성해보면 나의 진짜 토요일은 대략 여덟 시간의 자는 시간을 제외하면 한 시간이 16번 있는 하루이다. 평일에 일이나 공부를 하느라 내 개인 시간이 세 시간 밖에 없는 것을 생각하면, 토요일마다 엄청난 시간을 가지는 것이다. 데일리 리포트로 한 시간 단위로 계획을 세우면 게으름을 피우기가 어려워 이 기회를 잡을 수 있다.

토요일과 일요일을 어떻게 보내냐에 따라서 월요일을 시작하는 몸과 마음이 완전히 다른 것을, 그것이 주중 내내 끼치는 영향력을 누구나 알 것이다. 데일리 리포트를 쓰면 이번 주말을 어떻게 보내느냐에 따라 다음 월요일부터 금요일까지의 한 일과 몰입도에 엄청난 차이가 있다는 것을 내 손으로 한 번, 내 두 눈으로 두 번 확인할 수 있다.

마지막으로는 똑같은 하루라고 생각하는 것이다. 우리 머릿속에는 이미 '평일은 공부하거나 일하는 날' '금요일부터는 쉬는 날' '방학은 노는 날'이라는 인식이 크게 박혀 있다. 어릴 때부터 그래왔으니 당연할지도 모른다. 그런데 나는 모든 날을 평일, 주말, 방학이 아닌 '하루의 연속'으로 인식한다. 하루는 늘 아침 일찍 시작해서 저녁에 끝마칠 뿐이다. 어떤 특별한 하루라고 늦게 자도 되거나 낭비해도 되는 하루가 아니라는 것이다. 기본 마인드를 이렇게 설정해두면 아무런 할 일이 없는 휴일도 시간을 헛되이 보내지 않게 된다. 더 이상 '월화수목금토일'이 아닌, '월화수목그으음토오오오이이이이일'로 와닿을 수밖에 없다.

꾸준함의 비결

한 친구가 내게 꾸준하고 끈기 있을 수 있는, 바로 시작할 수 있는 힘이 무엇이냐고 물었다. 나는 마음이 있어서 그렇다고 답했다. 결국 꾸준함과 끈기를 뒷받침할 수 있는 것은 그것에 대한 열망이 얼마나 크냐이다. (그렇기에 자신이 원하는 일을 해야 한다.)

다시 말해 열망이 있으면 자동으로 될 것이고, 만약 없다면 해야만 하는 이유를 생각해보자. 그 이유도 떠오르지 않는다면 하지 않으면 된다. 나중에 하지 않은 선택이 아쉽다면 아쉬운 이유도 있을 것이다. 그러면 이유가 생겼으니 하면 된다.

내게 매일 블로그 포스팅을 하기란 처음부터 쉬운 것이 아니었다. 하지만 블로그는 점점 내 인생에서 많은 부분을 차지했다. 블로그는 일기장이면서 동시에 내 마음을 터놓을 수 있는 공간, 다른 사람들과 교류할 수 있는 곳, 새로운 정보를 얻을 수 있는 곳, 나도 모르는 나를 발견할 수 있는 곳, 다른 사람의 시선을 신경 쓰며 살던 내가 오로지 나로 있을 수 있는 곳이었다. 그래서 더 오래 지속할 수 있었다.

열망이 있음에도 꾸준하게 무언가를 밀어붙이기 어려운 상황들이 있다. 나는 집중이 어렵거나 시작하기가 막막하고 어려울 때는 뽀모도로 기법을 사용한다. 25분간 집중하고 5분을 휴식하는 기법이다. 이 방법을 사용하면 얼마 못 가 포기할 일도 적절한 휴식을 통해 리프레쉬할 수 있다.

어떤 한 가지 일을 꾸준히 하려면 내가 그 일을 좋아하면서도 하기 쉽고 편하도록 환경이나 방법을 만들어도 좋다.

어떤 일을 하기와 하지 않기 중에 무엇이 더 쉽고 무엇이 더 어려운가? 아마 사람마다 다를 것이다. 나의 경우는 '하지 않기'가 더 어려웠다. 술 마시지 않기, 즉흥적으로 친구들을 만나지 않기, 침대에 눕지 않기는 정말 어려웠다. 그래서 비교적 쉬운, '하기'를 택했다. 아침에 일찍 일어나기, 매일 저녁 운동하기, 친구들은 꼭 약속을 잡고 만나기, 학교 업무가 끝나면 개인적인 일을 하고 퇴근하기는 쉬웠다. 그러다 보니 자연스럽게 하지 말아야 할 것들은 멀어져갔다.

미라클 나이트

알람은 오전 7시부터 맞춰두고, 끄고 울리기를 반복하다가 오전 7시 3-40분 즈음 일어난다. 비몽사몽으로 씻는다. 무슨 옷을 입을지 고민하다가 시간이 없으니 눈앞에 보이는 편한 옷을 선택한다. 가까스로 출근하고 정신없이 업무를 시작한다. 퇴근하면 바빴던 하루에 대한 보상심리로 여유를 즐기고 싶어서 게임을 한다. 누워있다가 친구를 만나거나 꾸역꾸역 집안일을 하는 것으로 빠듯했던 하루를 마무리하고, 피곤하게 잠이 든다. 예전의 내 모습이다.

스물한 살, 나폴레옹에 빠져있던 기억이 난다. 우연히 페이스북에서 나폴레옹이 하루에 네 시간만 잤다는 글을 보았다. 사람이 네 시간만 자고도 살 수 있구나. 그럼 지금 내가 자는 데 들어가는 시간이 너무 아까운데……. 나폴레옹처럼 전쟁터에서 몸도 마음도 나보다 훨씬 더 힘든 사람이 네 시간만 자는데…….

나폴레옹에 꽂힌 나는 네 시간만 자기 시작했다. 이때도 어김없이 데일리 리포트를 사용했다. 아침 7시에 일어나서 씻고 방 정리하고 아침밥 간단히 먹고, 그날 배울 과목들을 예습한 뒤에 시간이 남으면 책을 읽었다. 오전 9시부터 오후 6시까지는 수업을 들었고, 공강 시간에는 아르바이트를 하거나 예습과 복습을 했다. 점심 시간에는 편의점 삼각김밥을 먹고 기숙사에서 공부했다. 저녁 7시부터 9시까지의 멘토링 활동이 끝나면 드디어 집으로 간다. 이때 자전거를 타고 일부러 먼 길로 되돌아서 갔다. 지금 돌이켜보면 바람을 느끼면서 자전거를 탔던 시간이 내가 하루 중에 유일하게 휴식할 수 있는 시간이었으리라. 기숙사에 돌아와서 늦은 저녁으로 냉동만두를 전자렌지에 해동해서 먹고 밤 10시부터 새벽 2시까지 과제나 발표 준비를 했다. 과제에 들이는 시간이 많아서 완성도가 높았다.

새벽 2~3시쯤 되면 잠자리에 들었는데, 시계를 보며 잘 수 있는 시간을 계산했다. 어떤 날은 다섯 시간(나폴레옹보다 한 시간이나 많이 자네), 어떤 날은 네 시간(나폴레옹이랑 똑같이 잔다!), 어떤 날은 세 시간(나폴레옹도 네 시간 잤는데 세 시간은 좀 적은 것 아닌가?), 나중에는 익숙해져서 잠이 오지도 않았고, 정신력으로는 무엇이든지 할 수 있다고 생각했다.

내 인생은 꽤 좋게 흘러가는 것 같았다. 그런데 이렇게 1년 동안 네 시간만 잤더니 이후 몇 년 동안은 아홉 시간 정도를 죽은 듯이 잠만 자야 하는 후유증이 생겼다.

몇 년 전부터는 미라클 모닝 붐이 불었다. '기적'이라는 의미와는 반대로 미라클 모닝에는 현대인들의 애환이 담겨 있다. 저녁에는 업무나 뜻하지 않았던 일들로 내가 하고 싶은 일에 집중하기 어려운 것이 사실이다. 일찍 일어나서 여유롭게 내 시간을 가지다니, 정말 행복한 일이다.

그런데 나는 괜히 유명한 사람들을 따라 해보겠다고 몇 시간씩 일찍 일어나니까 오히려 더 힘들었다. 누구보다 아침잠이 많아서 일어나는 게 힘들었던 나는 왜인지 모르게 일찍 일어나서 피곤할 거라는 심리적 압박감 때문에 그날 하루가 더 피곤하게 흘러가는 것만 같았다. 시간 관리법에 대한 책을 쓰고 있는 지금도 미라클 모닝을 하는 것은 조금 힘들다. 일찍 잘 일어나는 사람들을 보면 대단하고 존경스러우며 나는 그들의 발뒤꿈치도 따라가지 못할 것 같다는 좌절감도 들었다.

고민을 많이 하고 결심을 굳게 해봐도 실패를 반복했다. 그러고 나서야 단순한 진리를 깨달았다. 미라클 모닝의 핵심은 미라클 나이트라는 것을.

나는 자는 시간을 20분만 앞당겨 20분 일찍 일어나보았다. 아침에 일어나서 독서나 운동처럼 새로운 뭔가를 하려고 하지도 않았다.

밤은 정보를 입력input하는 시간으로 잠을 자는 동안 뇌가 활발하게 정보를 저장한다. 반면 아침에는 전날 입력한 정보를 출력output하는 시간을 가질 때 가장 효율적이다. 보통의 일은 대부분, 밤에 처리하는 것보다 낮에 처리하는 것이 훨씬 효과적이다.

잠을 잘 자야, 깨어있는 시간에 좋은 활동을 할 수 있다. 요즈음 현대인들은 잠이 부족하고, 잠들지 못하고, 자더라도 푹 잠들지 못한다고 한다. 나는 개인적으로 하루 중에서 가장 중요한 시간을 꼽으라고 하면 자는 시간을 꼽을 것이다. 미라클 모닝은 전날 밤부터 시작된다. 기분 좋게 일찍 잠자리에 드는 것이 다음날 일찍, 여유로운 아침을 시작할 수 있는 핵심 비결이다.

이제 나는 나의 의지대로 하루를 시작한다. 알람이 울리면 바로 옆에 있는 물을 한 잔 마신다. 물을 한 잔 마시는 것만으로도 몸이 살짝 깬다. 양손의 깍지를 끼고 몸을 쭉 늘린다. 몸이 깨어나기 시작하면 누운 자세에서 스트레칭을 한다. 다음은 앉아서 하는 자세를, 마지막으로 서서 하는 자세까지 하고 나면 '아, 일어나야 하는데...' 하는 과정 없이 저절로 일어나진다. 마지막으로 뜨거운 물로 샤워를 하면서 자느라고 뻣뻣해져 있던 몸을 푸는 것으로 하루를 시작한다. 씻으면서는 오늘 아침에 무엇을 할지 생각한다. (많이 일찍 일어났다면) 독서, 혹은 내 꿈과 관련된 취미활동을 한다. 보통의 경우는 아침을 먹고 깔끔한 옷차림으로 10분 일찍 출근한다. 주변 정리를 먼저 한 후에 데일리 리포트를 작성하고, 차근차근 업무 모드로 돌입한다. 일을 순서 있게 처리하기 때문에 시간이 더 남는다. 남는 시간에는 다른 일을 미리 할 수 있다. 퇴근하면 맛있는 음식을 먹고 데일리 리포트에 계획대로 실행한다. 잘 시간이 되면 우유를 한 잔 마시고, 뿌듯한 마음으로 잠자리에 든다.

미라클 나이트를 하는 방법

<준비 단계>

1. 낮 시간 동안 나의 체력과 에너지를 충분히 쓴다. 설렁설렁 보낸 하루의 끝과 몸과 정신을 집중해서 보낸 하루의 끝은 다를 수밖에 없다. 미라클 나이트의 준비 단계는 낮 시간을 어떻게 보냈냐다.

2. 내가 잠에 잘 들 수 있는 환경을 만든다.
    나의 경우에는 조용하고 따뜻한 영상을 보면 스르르 잠이 온다. 누군가는 은은한 조명이 있어야 잠이 잘 들 것이고,

또 다른 누군가는 완벽하게 어두워야 잠이 잘 들 것이다. 또 어떤 이는 방 안 온도가 약간 낮아야 잠이 잘 들 것이고, 다른 어떤 이는 온도가 약간은 높아야 잠이 잘 들 것이다.

3. 잠들기 전에는 몸을 깨우는 행동을 하지 않는다. 우리 몸에는 신경들이 있다. 교감신경과 부교감신경이라고 하는데, 낮에 활동을 하거나 운동을 하면 교감신경이 활성화된다. 긴장된 상태, 멋진 이성을 보았을 때도 마찬가지다. 반면에 편안한 환경이나 피로를 회복할 때에는 부교감신경이 작용한다. 그렇다면 우리가 잠들기 전에는 어떤 신경이 높아지는 것이 좋을까? 바로 긴장이 풀리고 편안한 부교감신경이다. 그런데 잠들기 직전에 카페인을 섭취하거나 심한 운동을 하는 등, 교감신경을 활성화하는 행동을 하고 나면 잠자리에 들어도 눈이 말똥말똥하고 심장이 두근거리면서 잠이 들지 않을 것이다.

<실행 단계>

1. 일찍 잠자리에 든다. 밤 10시 30분부터 잠을 잘 것이라고 생각하면, 30분에서 1시간 전에는 잠들 준비를 마치는 것

이 좋다. 시간이 늦어질수록 씻기 귀찮아진다. 그리고 귀찮아질수록 잠드는 시간이 늦어진다.

2. 편안하고 기분 좋은 느낌을 만든다. 이불에 들어갈 때는 모든 세상의 일과 헤어지자. 만약 안 좋은 일이 떠오른다면 그 기분에 매몰되지 말고, 그것들과 멀어진 나를 상상해보자. 편안한 이미지를 떠올리든지, 좋은 말을 되뇌어도 좋다.

3. 몸에 힘을 뺀다. 우리는 무의식 중에 몸에 힘을 주는 경향이 있다. 온몸의 긴장을 풀고 몸이 바닥으로 내려간다는 무거운 느낌을 받아보자. 몸의 긴장을 푸는 것으로 잠이 들지 않으면 몸의 각 부위를 집중해서 이완하는 바디스캔을 추천한다. 발바닥부터 머리 끝까지, 아주 천천히 내 몸의 곳곳을 생각하면서 부위별로 힘을 빼는 것이다. 힘을 빼고 다음 부위로 넘어가다보면 금방 잠에 들 수 있다. 이것이 훈련이 되면 발뒷꿈치만 생각을 해도 잠에 푹 빠질 것이다.

4. 잠에 들지 않는 경우는 눈만 감고 있어도 좋다. 불면증이 심한 경우나 시험 전날 잠이 오지 않는 경우에도 다른 활동을 하지 않고 눈을 감고 있는 것을 추천한다.

이렇게 행복하고 포근하게 잘 자고 일어나면, 매일매일이 미라클 데이가 될 것이다.

✦　하루 관리법

건강하고 밝은 하루를 보낼 수 있는 네 가지 방법을 소개하고자 한다. 잘 먹고 잘 움직이고, 주변 환경을 깨끗하게 하고 나만의 시간을 가지면 맑고 긍정적인 마음을 가지게 된다. 건강한 몸과 마음을 지니면 앞서 정했던 목표를 포함해서 어떤 일이라도 잘 해낼 수 있다.

밥 잘 챙겨 먹기

우리 할머니께서는 말씀하신다. "니가 뭔 위대한 일 한다고 먹는 게 아깝냐? 나라 구하러 가냐? 먹는 게 제일 중요한 겨. 밥 한 숟가락에 사람 생각이 달라지는 겨!"

하지만 나는 먹는 것이 정말 싫었다. 나폴레옹을 따라 살던 시절, 먹는데 들이는 시간과 돈과 노력이 아까웠다. 음식점에 가면 열심히 고민해서 주문하고, 기다려서 먹고, 직접 요리라도 하면 그만한 수고가 없고, 다 먹고 나면 치워야 하고 몸도 무거워지는 그 기분이 정말 싫었다. 그래서 죽지 않을 정도만 먹었다.

그러다 보니 몸에서 탈이 나기 시작했다. 몸이 "먹을 것 좀 줘, 맛있는 걸로 줘, 살려줘" 하고 호소한 것이다. 왜 이리 어지럽고 세상이 빙글빙글 도는지, 그때 살아야겠다 싶어서 이것저것으로 삼시세끼를 챙겨먹었다.

어떨 때는 편하자고 외식만 하는 바람에 살이 찌기도 하고, 어떨 때는 남들 따라 닭가슴살만 먹다가 보기 안 좋을 정도로 살이 쪽쪽 빠지기도 했다. 안되겠다 싶어 식단을 찾다가 보건복지부의 '식품구성자전거'를 발견했다.

자료출처 : 보건복지부 · 한국영양학회, 2020 한국인 영양소 섭취기준 활용 연구, 2021.

식품구성자전거의 면적을 보면 채소류의 면적이 고기류만큼이나 넓은 것을 볼 수 있는데, 평소 채소류 대신 고기·생선·달걀·콩류의 섭취가 아주 많은 나에게 자극을 주었다.

또한, 칼로리를 따지거나 영양학적으로 필요한 만큼 계산해서 먹을 필요가 없다. 그 대신 곡류, 고기·생선·달걀·콩류, 채소류, 과일류, 우유 및 유제품류, 유지·당류가 잘 들어가있는지 생각해보는 것만으로도 꽤 괜찮은 식사를 할 수 있었다.

한 끼 식사 후 내가 먹은 음식을 식품구성자전거의 구성 요소에 알맞게 먹었는지 생각해보자.

나는 어제 양파가 가득 들어간 찜닭과 따끈한 공기밥을 먹었다. 밥을 먹었으니 곡류는 통과! 닭고기를 먹었기에 고기·생선·달걀·콩류도 통과! 양파도 충분히 먹어줘서 채소류도 통과, 찜닭을 만드는 과정에서 유지·당류도 들어갔기 때문에 통과다. 하지만 과일류와 우유 및 유제품류는 섭취하지 못했다. 내가 편의점에 가서 간식으로 요거트와 과일을 챙겨먹어도 좋았을 것이다.

'한 김에' 운동하기

나는 운동 신경이 하나도 없다. 학생일 때는 어쩔 수 없이 체육 시간에 움직여야 했는데, 정말 힘들었다. 성인이 되어서는 특별한 경우를 제외하고는 운동으로 땀을 흘릴 일이 없으니 정말 좋았다.

그러다 언제부턴가 가끔씩 울적한 기분이 들기도 하고, 마음이 힘들어지자 운동이 생각났다. 그런데 평생 내 의지로 운동을 해본 적이 있어야 알지, 자세도 모르고 하는 법도 모르니 시작하기가 정말 두려웠다. 헬스장에 가면 다들 나만 쳐다보는 것 같고, 수영장에 가면 시력이 좋지 않아 잘 보이지 않아서 더 불편했다. 그냥 이런저런 운동을 못하겠는 이유가 너무 많았다.

결국 아무도 보지 않는 집에서 유튜브를 보고 따라해보았다. 이렇게 집 안에서 운동을 할 수 있는 21세기 문명의 시대에 살고 있는 것에 참 감사한다. 하지만 유튜버가 가르쳐주는 자세대로 하고 있는지 아닌지 알 길이 없었다.

편하게 있는 집이라는 공간에서 운동을 하는 것도, 시간을 내어서 운동하는 것도 쉽지 않던 나는 '한 김에' 방법을 쓰기 시작했다. 올라가는 김에 계단으로 걷기, 가야 하는 김에 뛰어 가기, 직장 가는 김에 자전거 타고 가기.

'한 김에' 작전은 성공이었다. 나는 어느 순간, 운동을 하면 힘을 쓰기 때문에 힘이 빠질 것 같지만 이상하게 힘이 더 차오른다는 걸 몸소 알았다. 땀을 가득 흘리고 나면 몸 속의 노폐물이 다 빠져나간 것 같고 피부도 좋아졌다. 또 매일 내가 할 수 있는 양이나 힘도 늘어나는 게 신기했다. 저번 주에 3분을 뛰었다면 이번 주에는 4분을 뛰었고, 다음 주에는 5분을 뛰고 싶어졌다. 무엇보다 우울하지 않았다.

이때쯤, 운동을 시작하면서 데일리 리포트에 물과 운동을 기록했다. 하루에 물을 얼마나 마셨는지, 어떤 운동을 했는지 간단히 표기한다.

나는 여전히 운동을 잘 알지도 잘 하지도 못한다. 그러나 운동은 나의 정서적 안정과 건강을 위한, 내 삶을 위한 필수적인 요소가 되었다. 자, 오늘도 신발을 신고 뛰러 가볼까!

루틴대로 청소하기

예전에 나는 청소만큼 소모적인 일이 없다고 생각했다. 그때의 나는 청소의 단점을 열 가지 이상은 말할 수 있었다.

한 번 청소하면 끝나는 게 아니라 오늘도, 내일도 평생 청소해야 한다. 세상에서 제일 잘해도 누가 상 주는 것도 아니다. 깨끗이 하려면 끝이 없어서 시간이 무한정 들어간다. 청소하고 나면 진이 빠져서 다른 일도 할 수 없다.

나는 청소하는 시간을 줄여서 차라리 나의 발전에 도움이 되는 일을 하겠다고 생각했다. 솔직히 정리 정돈에는 영 소질이 없었기에 더 그렇게 생각했는지도 모른다. 그래서 3일만 손 하나 꿈쩍하지 않고 놔두면 우리 엄마의 표현대로 돼지 우릿간이 되었다. 그랬던 내가 청소를 해야겠다고 생각한 건 느닷없었다.

평소와 같던 어느 아침, 깨끗하게 씻고 나왔는데 방바닥에 어제 입었던 옷이나 수건들이 나뒹굴어 있는 걸 보니 매우 불쾌했다. 그리고 외출 준비를 하는데 찾는 물건이 없었다. 내 물건을 제자리에 두는 시간이 아깝다고 생각했는데, 촉박한 약속 시간에 그 물건을 찾는 데 쓰는 내 마음과 시간이 훨씬 더 아까웠다.

눈 딱 감고 모른 체 하며 신경을 쓰지 않으려 해도, 우울감이 몰려올 때 방 안을 보면 더 답답해지고 한숨이 나오기도 했다. 주변 정리 정돈이 말끔하게 되어 있지 않은 상태에서는 그 무엇을 해도 찜찜한 마음이 늘 남아 있었다. 그래서 결심했다. 청소를 해보기로!

호기롭게 외쳤지만 작심삼일이었다. 운동처럼 청소도 해봤어야 알지, 어디서부터 어떻게 건드려야 할지 몰랐다. 그래서 고민하다 생각한 것이 청소 서비스다. 처음에는 청소를 하는 데 돈을 지불한다는 것이 망설여졌다. 그러나 나의 능력과 상황이 되지 않는데, 이것으로 아주 큰 만족감을 얻을 수 있다면 괜찮다고 결론을 내렸다. 이 방법으로 꽤 오랜 시간 동안 쾌적한 생활을 할 수 있었다. 전문적인 손길로 확보한 나의 여유로운 시간, 편안한 마음을 제공해준 청소 서비스에 감사하는 마음이 크다.

그런데 시간이 지나 큰 문제가 생겼다. 첫 번째는 내 월급에 비해 청소 서비스 가격이 올랐다는 것이고, 두 번째는 청소 서비스를 받으면서 내 집이 얼마나 깨끗해질 수 있는 집인지 알아버렸기에, 서비스를 받지 않는 날은 어지러운 내 집을 보기가 더 힘들었다.(첫 번째 이유만 아니면 매일 서비스를 이용했을 거다.) 그래서 다시 결심했다. 예전의 실패를 거울삼아 청소를 하기로!

　이제 나는 월요일은 현관과 베란다, 화요일은 주방, 수요일은 화장실, 목요일은 침실과 창틀을 청소한다. 금요일은 옷방을 정리하고 책꽂이 같은 선반의 먼지를 닦는다. 역시, 무엇이든 조금씩 나누어서 하면 잘 해낼 수 있다.(앞서 소개한 일주일 루틴이다.)

　나는 청소 루틴을 체화하지 못한 나를 위해 이 부분만큼은 깔끔하게 유지하겠다는 공간도 정해두었다. 그 공간은 어떤 일이 생겨도 절대 더럽히지 않고 깨끗하게 청소한다. 나의 건강하고 맑은 정신을 위해 필수적인 것이다.

　이렇게 청소가 힘든 내가 청소를 절대 포기하지 않는 것은, 이것을 놓쳐버리는 순간 내 삶이 엉망이 될 것이란 걸 잘 알고 있기 때문이다. 세상에 신경 써야 할 것들이 얼마나 많은데, 정리되지 않은 공간에 내 신경을 쏟을 수는 없다. 지금, 당신의 방은 얼마나 깨끗한가?

미타임 보내기

2013년, 영국 옥스퍼드 사전에 '미타임me-time'이라는 단어가 추가되었다. 미타임이라는 단어를 직관적으로 생각해보면 나의 시간이라는 뜻인데, 사전에서는 미타임을 이렇게 정의한다.

Time when a person who is normally very busy relaxes or does something they enjoy

[1] 보통 매우 바쁜 사람이 [2] 휴식을 취하거나, [3] 그들이 즐거워하는 어떤 일을 하는 시간

미타임에는 전제가 하나 있다. 바로 '매우 바쁜 사람'이다. 매일 놀던 사람이 미타임을 가질 수는 없다. 미타임은 하루에 충실하게 열중하고, 생산적인 삶을 위해 몰입해서 시간을 보낸 사람만이 가질 수 있는 특권이라 생각한다.

정의에서 알 수 있듯이, 미타임에서는 두 가지를 할 수 있다. 첫째, 휴식을 취하는 일이다. 둘째, 즐거운 일을 하는 것이다.

휴식이란 뭘까? 쉴 휴休에 쉴 식息, 쉬고 또 쉰다는 의미다. 그중에서도 '휴'는 사람 인人과 나무 목木이 합쳐져 있는 글자다. 사

람이 나무에 기대어 쉬고 있는 모습이 떠오른다. '식'은 코의 모습을 본뜬 스스로 자(自)와 마음 심(心)이 합쳐져 있는 글자다. 코로 공기가 들어가고 나가면서 심장을 뛰게 하는, 호흡을 나타내는 글자다.

하루 중에 휴식하는 시간은 꼭 필요하다. 그러나 진짜 휴식과 가짜 휴식은 분명히 다르다. 가짜로 휴식할 때 나는 일단 습관적으로 누웠다. 누워 있다 보면 휴대폰만 만졌다. 대게는 알고리즘을 통해 유튜브와 인스타그램을 계속 본다. 필요하지 않은 정보를 계속 받아들인다. 혹은 나중에는 뭘 봤는지 기억도 못할 정보를 멍하니 듣고 보곤 했다.

이렇게 미적거리며 시간을 보냈던 반면, 진짜로 휴식할 때 나는 핸드폰은 물론 노트북, TV를 보지 않았다. 책도 읽지 않았다. 산책할 때는 핸드폰도 없이 집 주변을 가볍게 걸었다. 따뜻한 햇볕을 쬐고 바람을 느꼈다. 따뜻한 물로 샤워를 했다. (특히 나는 샤워기에 목 뒤를 5분간 대는 걸 좋아한다.) 편한 옷을 입고 명상했다. 혹은 내가 생각하는 1분 동안 눈을 감고 있었다. 정말이지 평화로웠다.

가짜로 휴식하는 나와 진짜로 휴식하는 나는 왜 달랐을까?

눈치가 빠른 당신이라면 바로 데일리 리포트가 떠올랐을 것이다. 나는 핸드폰 사용 시간을 데일리 리포트에 기록했다. 핸드폰 잠금 앱의 도움을 받아 강제로라도 쓰지 않았다. 그리고 침실과 생활 및 작업 공간을 분리해 습관적으로 눕는 버릇을 고쳤다. 너무 피곤하면 최대 30분 낮잠을 잤다.

무엇보다 30분 단위의 정각을 경계했다.

휴식을 하다 말고 할 일이 생각나 시계를 봤더니 27분인 상황을 생각해보자. 깔끔하게 30분에 하고 싶은 마음이 마구 샘솟는다. 나는 이 생각을 가장 경계한다. 그 3분이 10분이 되고, 10분이 30분이 된다. 분침이 56분을 가르키면 "정각에 꼭 일어나야지"라며 또 미루게 된다. 이건 쉬는 것도 아니고, 쉬지 않는 것도 아니다.

꼭 정시에 시작하지 않아도 된다. 정말이다! 바로 하는 것이 절대적이다. 계획한 시간이 됐으면 무조건 한다. 생각한 순간 지금 바로 움직인다. 그게 아니라면 '진짜 휴식 모드'에 돌입한다. 가짜 휴식으로 불편하게 시간만 보내지 말고, 계획된 진짜 휴식을 하자. 내 하루에 단 15분이라도, 휴식을 위한 산책 시간을 넣어보자. 그 15분이 사라진다고 해서 큰일이 나지도 않는다.

미타임에서는 회복을 위해 휴식을 취할 수도 있지만, 즐거운 일을 할 수도 있다. 평소에 하고 싶었던 취미생활을 하거나 좋아하는 친구만나기 등이 포함될 것이다.

나는 미타임을 이렇게 보낸다.

언니와 함께 캠핑을 가서 양고기를 뜯어 먹기

좋아하는 음악을 LP판으로 반복 재생해서 듣기

혼자 노래방에 가서 노래부르기

차가운 밤공기를 느끼며 집 앞을 산책하기

각종 문구류를 이용해서 다이어리를 예쁘게 꾸미기

30번도 더 넘게 봤지만 좋아하는 영화를 또 보기

요리한 음식을 예쁘게 플레이팅 한 후에 우아하게 먹기

하늘하늘한 원피스를 입고 카페에 가서 독서하기

월급 날 빵집에서 머릿속으로 계산해보지 않고 빵을 사기

당신은 힐링 시간을 어떻게 보내고 있는가? 다른 친구에게 힐링하는 법을 물어보고, 자기 경험을 얘기해주며 힐링 방법을 공유해보면 생각에 도움이 될 것이다.

다음은 옥스퍼드 사전의 예시 문장이다.

Me time needs to be part of your regular routine.
미타임은 당신의 규칙적인 일상의 일부가 되어야 합니다.

미타임은 나만을 위한 시간이다.

살면서 한 번쯤 번아웃이 찾아온다. 특히, 쉴 시간 없이 달려온 현대인이라면 더 그렇다. 나는 데일리 리포트를 처음 사용할 때, 시간을 잘 쓰기 위해서 아주 빡빡하고 완벽한 일정을 세우곤 했다. 물론 며칠은 효과가 있었다. 그러나 일주일이 지나고 한 달이 지나자 어느 정도 익숙해지는 동시에 버거워졌다. 나는 쉴 시간이 필요한 사람인데, 쉴 시간마저도 계산해야 했기에 진정으로 마음 편하게 쉬었던 적이 없었던 것이다. 이럴 때일수록 미타임이 필요하다.

하루를 미타임으로 가져도 좋고, 30분을 가져도 좋다. 음악을 들어도 좋고, 시를 읽거나 화분을 돌보아도 좋다. 명상하는 시간을 가지거나 청소, 혹은 산책하다가 카페에 가서 아무것도 하지 않고 정말 커피만 마시고 와보기도 하자. 미타임으로 나의 일상

을 더욱 풍요롭게 하고 번아웃이 오지 않도록, 집중력을 더 최상
으로 이끌 수 있도록 하자.

✦　마음 관리법

사람이 자기의 마음을 마음대로 다룰 수 있다면 얼마나 좋겠냐마는, 항상 그렇지만은 않다. 서점에 깔린 자기계발서에서 긍정적으로 생각하라는 말은 꼭 내가 부정적인 순간에는 생각이 나지 않는다. 누구나 한 번쯤 하루의 기분을 망친 경험이 있을 것이다. 이런 날은 될 일도 안 되고, 하려고 했던 일들도 모두 하기 싫어진다. 이전에는 능력을 100% 발휘했던 일도 내 기분에 따라 70%만 발휘하는 경우도 있다. 감정에 휘둘리기 싫지만, 인간이라면 감정의 영향을 받는 것이 사실이다.

마지막으로 당신에게 내가 힘들 때마다 나를 지켜주었던 마음 관리법을 선물하고자 한다.

내 감정 써보기

내가 기분이 좋지 않을 때는 보통 결정적인 이유가 있었지만, 특별한 이유 없이 나쁘기도 했다. 이럴 때 나는 하던 것을 모두 멈추고, 연필을 들어 무작정 써본다.

결정적인 이유가 있을 때에는 그 사건에 대해서 사실과 원인과, 감정, 모든 것을 쓴다. 쓰다 보면 사건을 조금은 객관적으로 보게 되고, 해결 방안이 생각나기도 한다. 이유 없이 기분이 안 좋을 때는 나도 몰랐던 이유를 알아차릴 수도 있다.

이유가 있든 없든 종이에 표현하는 순간 격한 감정이 내 몸에서 빠져나가며 남아 있는 감정이 어느 정도는 정리가 된다. 가끔은 쉽게 정리가 안 될 때도 있지만 내가 내 마음을 자꾸 들여다보면 어느 순간 편안해진다.

때때로 나는 마음이 너무 힘들어서 내 생각을 쓰는 것도 어려우면 좋은 문장을 따라 쓸 때도 있고, 반듯하고 단정한 글씨체를 따라 적기도 한다. 그러다보면 어느새 마음이 다잡아진다.

나는 기분이 안 좋을 때뿐 아니라 무엇을 해야 할지 모르겠을 때도 쓴다. 신경쓰이는 일이 있을 때, 몰입이 잘 되지 않을 때도 마찬가지다. 종이 한 장과 연필 한 자루만 있으면 된다.

무엇이든 당신의 감정을 써보세요.

낙서를 해도 좋습니다.

행복 모으기

나는 '행복 모으기'를 한다. 행복한 순간이 영원하면 좋겠지만 이런 순간들은 일정 시간이 지나면 마음에 묻히거나 잊혀지고 만다.

그래서 나는 행복을 느꼈던 보석 같은 순간들을 기록한다. 사소하더라도 하나씩 적어놓으면 쓸 때도 기분이 좋고, 마음에도 오래 남는다.

안 좋은 일로 하루를 이대로 망칠 것만 같을 때, 행복하지 않다고 느껴지는 순간에 모아두었던 행복을 얼른 꺼내본다. 기록된 행복을 음미하고 있으면 한바탕 소란스럽던 마음이 차분해진다. 작은 행복을 많이 모아 언제든 행복하자.

다음은 내가 모은 행복이다.

맛있는 새우구이를 먹었을 때

주말 아침 새로 빤 이불을 널 때

조용한 공간에서 적당한 조명과 함께 책을 읽을 때

아주 추운 날 집에 도착하자마자 이불 속에 들어갔는데 포근하고 따뜻했을 때

운동을 하면서 예전에는 못했던 동작이 됐을 때

교육청 게시판에 나의 칭찬 글이 올라왔을 때

외국인과 첫 대화를 성공했을 때

좋아하는 노래를 오카리나로 연주했을 때

오일파스텔로 그리고 싶었던 은행나무를 예쁘게 표현했을 때

엔틱하고 빈티지한 타자기를 샀는데 친구들이 어디서 샀냐고
물어봤을 때

당근마켓으로 LP판을 10장이나 싸게 샀을 때

언니랑 캠핑을 하러 가서 바비큐 파티를 했을 때

아래층 이웃이 나를 도와줬을 때

크리스마스리스를 만들어서 대문 앞을 꾸며놨는데 앞집 아주
머니께서 예쁘다고 해 주셨을 때

새 책상을 사서 조립했을 때

비상교육 꿈지기 캠페인에 신청한 사연이 당첨되어 아이들에
게 '꿈 명함'을 줄 수 있었을 때

생일 날 큰 나무에 달아 쉴 수 있는 해먹을 선물로 받았을 때

안고 잘 수 있는 기린 인형을 샀을 때

예쁜 찻잔에 따뜻한 차를 타서 마실 때

엄마가 편지를 써주셨을 때

최근 일주일, 최근 한 달, 최근 3개월 동안

행복했던 순간을 떠올려보세요.

순환의 법칙 따르기

마음을 관리하는 네 번째 방법은 순환의 법칙을 따르는 것이다. 나는 매년 아이들을 새로 맡을 때마다 이것을 가르친다. 공부를 예로 들어보자면 바로 다음과 같다.

<공부의 선순환 법칙>

공부를 잘할 수 있을 것만 같다.

기분이 좋다.

스스로 공부를 조금씩 해본다.

성적이 어느 정도 오른다.

부모님이나 선생님께 칭찬과 격려를 듣는다.

공부에 재미와 흥미가 느껴지고 기분이 좋다.

더 잘할 수 있을 것 같은 느낌이 든다.

공부 계획을 세우고, 효율적인 공부를 해본다.

성적이 오른다.

성적이 오르지 않더라도 오늘 공부가 의미 있다.

\<공부의 악순환 법칙\>

공부를 잘 못할 것 같다.

기분이 좋지 않다.

공부하기 너무 싫은데 부모님과 선생님은 잔소리만 한다.

공부를 하지 않거나 억지로 한다.

성적이 오르지 않거나 떨어진다.

나는 공부에 소질이 없고 해도 안 될 것 같은 느낌이 든다.

이제는 공부를 하는 이유도 모르겠고 재미도 없다.

더 이상 공부를 하지 않는다.

성적이 더 떨어진다.

긍정적인 마음가짐으로 시작한다고 해서 끝이 꼭 성공적인 것은 아니지만, 내가 지도해온 아이들은 대부분 부정적 사고를 조금만 바꾸어줘도 굉장히 다른 결과를 만들어냈다. 그래서 나는 매일 아이들에게 칭찬을 아끼지 않는다. 어린아이를 마음속에 품고 사는 우리 어른들도 다르지 않다. 아침에 일어나며 '아, 귀찮아' '피곤해' '출근하기 힘들어' 대신에 '오늘도 하루를 시작할 수 있어서 감사하다. 이 하루를 알차고 행복하게 보내자' 하고 생각해보자. 분명 결과는 다르다.

성장하는 삶

대학 시절, 연인과 크게 다툰 적이 있다. 사람은 쉽게 바뀌지 않는다고 생각했던 나는 상대의 실수를 용서하기 어려웠다.

"오빠는 또 그렇게 할 거야. 사람은 쉽게 바뀌지 않아." 그 사람은 내 말에 어느 정도 동의하지만, 자기는 조금 다르게 생각하고 싶다며 이렇게 이야기했다. "사람에게는 두 가지 사고방식이 있다고 믿어. 고정형 사고방식과 성장형 사고방식이야. 나는 성장형 사고방식을 가지고 살아가는 사람이고, 내 자신이 바뀔 수 있다고 믿어. 그렇게 만들어낼 거야." 그 말을 듣는 순간 머리를 한 대 맞은 듯했다. 삶을 바라봤던 전반적인 생각이 바뀌는 계기가 되었다.

나는 마음의 상태가 항상 완만한 곡선을 그리는 사람들이 참 부러웠다. 나는 들쑥날쑥, 하루에도 몇 번씩 마음이 이랬다저랬다 하니 참 혼란스러웠다. 그런데 연인의 그 말 덕분에 이런 나의 모습을 평생 지니고 살 필요가 없다고, 내가 노력하는 대로 바뀔 수 있다고 생각하니, 참 감사했다. 그리고 끊임없이 노력했다. 이를 바득바득 갈아내며 눈물을 흘린 밤도 있었다. 긴 터널을 지나고 나니, 이제는 내 감정을 내가 컨트롤 할 수 있게 되었다. 참 신비한 일이었다. 한순간은 아니었지만, 순간순간의 선택을 쌓아서 꾸준히 마음 연습을 하다 보니 어느샌가 조금씩 자라는 내 모습이 보였다.

이 세상의 사람들은 모두 흰 도화지로 태어난다. 작은 붓놀림을 모아 그림을 완성하듯, 내가 어떤 인생을 그릴 것인지는 오늘의 나의 작은 선택으로부터 정해진다. 그것이 내일을 움직이고 인생을 움직인다.

지금 누군가의 도화지에는 오색찬란한 빛깔이 색칠되어 있을 수도 있고, 누군가의 도화지는 어두침침하고 심지어 찢겨있을 수도 있다. 다시 그리면 된다. 내가 가르치는 아이들은 가끔 나에게 "선생님, 잘못 그렸어요. 도화지 다시 주세요"라고 말한다. 나는 언제나 말한다. "그럼, 얼마든지 다시 줄 수 있지." 그리고 깨끗하고 커다란 도화지를 다시 내어준다.

✦ 삶이
맛있어지는 방법

데일리 리포트를 오랜 시간 써오면서도 삶의 많은 것들이 혼란스러울 때가 있었다.

어느 순간 '시간이 아깝다'는 생각이 들었다. 좋은 사람들과 행복한 시간을 보내도, 그토록 바랐던 직장에 취직해서 일을 해도, 여행을 다녀와도, 나는 모든 순간 시간에 쫓겼다. 그런 나를 인지하고 시간이 아깝다는 생각에서 벗어나려 노력할수록 시간은 더 빨리 흘러갔다.

이런 나의 마음과는 다르게, 내 모습은 참 게으르며 나태했다. 약속이 취소된 날에는 어떤 것을 해야 할지 몰라 허둥대는 내 모습이 마음에 들지 않았다. 매일이 고민의 연속이었다.

무엇이 잘못되었는지, 어디서부터 해결해야 할지 막막했다. 나는 나를 가장 사랑하는 아버지께 도움을 요청했다. 아버지께서는 편지를 적어주셨다.

그 편지에는 고민을 해결해줄 얘기는 어디에도 없고, 사랑한다는 말과 함께 '아침에 일찍 일어나도록 하거라' '하루에 한 번 주변 정리와 샤워를 하도록 해라' '아침, 점심, 저녁을 꼭 챙겨 먹거라' 등의 아주 기본적인 생활 습관이 적혀있었다. 당장 나는 눈앞에 있는 문제가 급한데, 아버지께서 왜 이런 당연하고 진부한 말씀만 해주시는지 이해가 되지 않았다. 그렇지만 내가 할 수 있는 것은 그것밖에 없었다. 데일리 리포트를 좀 더 깊게 활용해봐야겠다는 생각이 들었다. 그리고 얼마 지나지 않아, 이탈했던 나의 삶의 궤도가 다시금 정상에 올라와 있었다.

사람이 사람다운, 자기다운 삶을 살기 위해서 필수적인 것이 있다. 잠, 밥, 규칙적인 생활이다. 이 세 가지만 꼭 지키려고 해도 많은 것들을 바로잡는다. 당연해보이는 이 사실을, 나는 경험하고나서야 알았다. 시간의 주도권을 잡고 살아가는 삶은 생각보다 훨씬 더 행복했다. 누구나 말하는 이 사실을, 나도 똑같이 말할 수밖에 없다.

냉장고에 있는 똑같은 재료를 가지고 어떤 사람은 아무것도 만들지 않기도 하고, 어떤 사람은 맛있는 음식을 뚝딱 만들어낸다. 시간은 우리 삶의 재료와 같다.

요리를 처음부터 잘하면 얼마나 좋을까. 그래도 연습하면 실력이 느는 게 요리다. 나의 삶은 데일리 리포트를 쓰면서 점점 맛있어졌다. 이제 그 맛도 일정하다. 생활에 체계가 잡힌 것이다.

나는 맛있는 것을 먹으면 가족을 포함해 내가 사랑하는 주변 사람들에게 먹여주고 싶은 마음이 든다. 이 책은 그런 마음을 담아 썼다. 내 작은 마음이 당신에게 가닿아 좋은 변화의 씨앗이 되었으면 좋겠다.

시간을 잘 다루는 사람의 생활은 그렇지 못한 사람의 생활보다 훨씬 안정감있고 앞으로 모든 면에서 성장할 가능성이 높다. 이 책을 읽은 당신은 꼭 데일리 리포트를 이용해서 보석 같은 시간을 찾아내기를 바란다.

이 책이 나오기까지 애써주신 박의성 팀장님, 전세정 편집자님을 비롯한 한빛비즈에 깊은 감사를 드린다. 지금의 내가 있을 수 있도록 항상 따뜻한 웃음으로 나를 길러주신 어머니께 이 책을 바친다.